# Geheimnisse der Venus

Piero Camporesi, einer der originellsten Kulturanthropologen Europas, lehrt an der Universität von Bologna Literaturwissenschaft. Autor zahlreicher Publikationen; 1989 erschien bei Campus *Das Brot der Träume*.

Piero Camporesi

# Geheimnisse der Venus

## Aphrodisiaka vergangener Zeiten

Aus dem Italienischen
von Karl F. Hauber

Campus Verlag
Frankfurt/New York

Die Originalausgabe »I balsami di Venere« erschien 1989 bei Garzanti Editore, Mailand.



CIP-Titelaufnahme der Deutschen Bibliothek

*Camporesi, Piero:*
Geheimnisse der Venus : Aphrodisiaka vergangener Zeiten /
Piero Camporesi. Aus dem Ital. von Karl F. Hauber. –
Frankfurt/Main ; New York : Campus Verlag, 1991
Einheitssacht.: I balsami di Venere ‹dt.›
ISBN 3-593-34335-5


Umschlaggestaltung: Atelier Warminski, Büdingen
Umschlagabbildung: Bildausschnitt von »Die Entführung der Europa«, Werkstatt (?) Guido Reni, Anfang d. 30er Jahre des 17. Jhs.
Satz: L. Huhn, Maintal
Druck und Bindung: Druckhaus Beltz, Hemsbach
Printed in Germany

# Inhalt

I

# Das »Geheimnis des Beischlafs«

»Es gibt kein Ding noch Speise, die der Ernährung des Menschen zuträglicher wären denn das menschliche Fleisch, wenn da nicht der Abscheu wäre, den die Natur davor hat«[1], bemerkte seelenruhig der Mediziner und Astrologe Girolamo Manfredi am Ende des 15. Jahrhunderts in seinem in volkssprachlichem Italienisch geschriebenen Buch »Il perché«. Tatsächlich entwickelte die alte Gesellschaft in dem Träumen bei Tage und bei Nacht eine beunruhigende Neigung zu äußerst unbefangenen Ernährungsgebräuchen, denn sie war bezaubert von normüberschreitenden Ritualen. Diese sind zwar vom »Prozeß der Zivilisation« beseitigt, jedoch nicht ausgelöscht worden. Seither begann sich das Unbehagen in der Kultur mit seiner unerträglichen Bürde bemerkbar zu machen.

Die medizinische Theorie und die pharmakologische Praxis (um nicht die verbreitete Empfänglichkeit für Blut, Fett und menschliche Eingeweide zu erwähnen) gaben den festen wissenschaftlichen Unterbau für diese schaudern machenden Neigungen, diese anomalen Analogien und Entsprechungen ab. Die einwandfreie theoretische Tarnung des latenten Hangs zum Menschenfressertum basierte auf der Annahme, ja dem unschlagbaren und schwer zu widerlegenden Axiom, demzufolge alles, was man in flüssiger oder fester Form zu sich nimmt, die »höchste Übereinstimmung mit der Natur des Menschen« haben muß.

Denn die menschlichen Lebensumstände erfordern, daß man, um das Individuum zu erhalten, eine beständige Umwandlung des Essens und Trinkens in der Natur des Körpers vollzieht, den man ernährt, ja sogar in jedem seiner kleinsten Teile; es ist klar, daß man diese Umwandlung leichter und angemessener vollziehen wird, wenn das, was man zu sich nimmt, gleichförmig, ähnlich oder zumindest wenig abweichend von der Natur dessen ist, der es aufnimmt. Denn bei den Dingen, die Übereinstimmung und (wie man sagt) Symbolwert haben, ist der Übergang und die Verwandlung leichter.[2]

Wenn man diese einwandfreien Voraussetzungen weiterentwickelt, muß man einfach den alten Ärzten zustimmen, daß nichts anderes jene therapeutische Wirksamkeit und gesunde Ernährung der vom menschlichen Körper und seinen Nebenprodukten bereitgestellten Erzeugnisse ersetzen kann. Denn der menschliche Körper und seine Ausscheidungen sind die dem Menschen sowohl symbolisch als auch in Proportion, Entsprechung und Analogie ähnlichste »Sache«. Nichts konnte die Vollkommenheit des Blutes ersetzen, nichts konnte größere therapeutische Dignität besitzen als das Schädelpulver, jener Inbegriff des sich selbst bewegenden Mikrokosmos, nichts konnte größere Wirkkraft haben als das Pflaster aus Menschenhaut oder aus der »Mumie« (getrocknetes und abgelagertes Menschenfleisch, von den Apothekern gewöhnlich im Kamin geräuchert). Ebenso stand es mit dem Urin (vornehmlich von Kindern), den Nägeln, den Haaren, dem Ohrenschmalz, der Vorhautdrüsen-Absonderung, den festen Exkrementen, der (unvergleichlich nahrhaften) Muttermilch, der Samenflüssigkeit oder dem Sperma. Die globale Formel für die unerschöpflichen therapeutischen Wirkkräfte, die im menschlichen Körper verborgen sind, wurde von Ulisse Aldrovandi treffend ausgedrückt: *homo homini salus* (der Mensch dient zum Heil des Menschen). Ob lebendig oder tot, der Mensch war ein reiches Reservoir heilsamer Geheimmittel.

Insbesondere die toten Bestandteile des Menschen waren für eine ganze Reihe von Stärkungsmitteln und belebenden Latwergen (Heilsirupe) geeignet, die vom »Niederschlag oder Elixier von Mumien« bis hin zur »Tinktur oder dem Auszug von Mumien«, zum »Geheimmittel menschlichen Fleisches«, zum »Wundbalsam aus menschlichem Blut«[3], zum »Öl aus menschlichem Gehirn- oder Rückenmark«[4] und schließlich zum »wunderbaren Öl menschlichen Blutes«[5] reichten. Gekochte oder in Scheiben geschnittene Leichname ruhten in den staubigen »Offizinen« der Apotheker oder in den Laboratorien der Alchimisten und Destillateure als Grundstoff zur Rettung der Lebenden. Um heilbringende Elixiere und heilsame Quintessenzen zu destillieren, war es unerläßlich, »Fleisch eines jungen und gesunden Menschen, der eines gewaltsamen Todes gestorben war«[6], zur Hand zu haben. Und um es aufzubewahren – noch war die *Kühlkette*, eine der grundlegenden Innovationen für unsere Sitten und Gebräuche, unbekannt –, waren sorgfältige Techniken des Ablagerns und Trocknens nötig.

Man nehme den Leichnam eines Menschen mit einer rötlichen Haar- und Hautfarbe, denn bei denen ist das Blut dünner, und folglich das Fleisch besser als bei anderen; besagter Mensch soll ohne Fäulnis und jung, etwa fünfzehn bis zwanzig Jahre alt, eines gewaltsamen Todes, aber an keinerlei Krankheit gestorben sein. Besagten Leichnam lege man einen ganzen Tag und eine Nacht bei heiterem Wetter ins Freie, wo am Tag die Sonne und bei Nacht der Mond hinkommen; dann nehme man das in Scheiben geschnittene Fleisch und besprenge es mit einem Teil Myrrhe und einem Viertel Aloë, die beide sehr gut zerpulvert sein sollen. Danach lasse man es so 4 oder 6 Stunden und tränke es dann mit bestem Weingeist und lasse es 3 oder 4 Tage eingeweicht. Anschließend hänge man es in geschlossenem Raum in der Luft 10 oder 12 Stunden auf. Dann weiche man es erneut in Weingeist ein und lege es an trockenen und schattigen Ort, als wäre es in einem Wärmofen, wo man Brot bäckt, oder ähnliches, und zwar so lange, bis besagte Scheiben gut trocken sind, so daß es wie im Rauch gedörrtes Fleisch erscheint.[7]

Das Rezept hat eine vage Ähnlichkeit mit der Trockenlagerung von gesalzenem Rindertrockenfleisch oder Schinkenspeck, und die »Luft an trockenem und schattigem Ort« erinnert von ferne an die gute Luft in den Tälern hinter Parma, die angeblich für die gelungene Trocknung des Schinkens nötig ist. Auch damals war es unerläßlich, Fleisch von erster Qualität zu verwenden. In diesem Fall war es »Fleisch eines jungen und gesunden Menschen, der eines gewaltsamen Todes gestorben war«, gewissermaßen junge und gesunde Schweine, die mit rascher Klinge geschlachtet werden.

Es wäre unangemessen, angesichts dieser pharmazeutischen Prozeduren in der Vergangenheit die Nase zu rümpfen. Auch heute noch ist der Mensch für den Menschen eine erstrangige Quelle von Leben und Rettung. Ekel und Schauder vor der vormodernen therapeutischen Kultur zu zeigen, wäre überdies ein Mangel an Achtung und Ausdruck eines historischen Unverständnisses gegenüber einer Gesellschaft, in der der Tod als Humus des Lebens empfunden wurde. In dieser globalen Einheit koexistierten Tote und Lebende – nicht nur in den Erinnerungen, im Gedächtnis des Einzelnen und in den Träumen, sondern auch im Fleisch und im Blut, aus dem man Kräfte, energetische Substanzen, Stärkungsöle und wiederbelebende Balsame schöpfte. Eine beständige Übertragung von belebenden Molekülen, ein magischer Rettungsanker verband die Leichname mit jenen, die es noch nicht waren.

In unseren Tagen werden (nicht ohne Grund) die Zergliederung der Verstorbenen (ehemals Gesunder, insbesondere der Unfallopfer), die Wiederverwendung von Organen als Austauschstücke in die wunderbare Maschine des Lebenden, die sich in Schwierigkeit befindet, sowie die Spende der wertvollen und unersetzlichen Teile oder Organe des menschlichen Körpers beinahe als soziale Pflicht, als Spende zugunsten der hohen wissenschaftlichen Technologie, auf die wir uns stolz fühlen müssen, betrachtet. Diese Spende könnte bald zu einer auf alle ausgedehnten zwangsweisen Amputation, einer durch Staatsgesetze erzwungenen Usurpation und räuberischen Abgabe werden. »Ein Schatz ist in dir, vergrabe ihn nicht«, fordert der Slogan der Italienischen Gesellschaft für Organspenden. Dies geschieht in einer Zeit, in der Transfusionen, Organentnahmen, Transplantationen und „Organ-Banken" als wertvolle Heiligtümer zur Übertragung von Leben, ja als Ultima Thule des Überlebens überhaupt betrachtet werden. Dies geschieht in einer Zeit des genetischen *engineering*, in der auch zukünftiges Leben geplant und gemacht werden kann, ohne sich lästigen und mühevollen Kontakten mit Fremden zu unterziehen. Spielerisch einfach nimmt man Samen von den »Samen-Banken« und verpflanzt ihn in den Mutterbauch, oder man mietet eine Gebärmutter, um einen anderswo befruchteten Embryo einzusetzen. Wenn die Solidarität zwischen Lebenden und Toten sich bis in die Vorhölle unbefleckter Leibesfrüchte hinein erstreckt, die den Schandfleck unflätiger Kopulation umgehen, dann sollte man verständlicherweise die Entnahmen, die Einimpfungen und die Sirupe, welche Destillateure, Alchimisten und Apotheker von einst mit den ihnen zur Verfügung stehenden Mitteln und beschränkten Ressourcen vornahmen oder herstellten, eher mit Achtung (wenn nicht mit Sympathie) betrachten.

Auch die hedonistischsten sexuellen Leistungen nahmen die Gestalt von Entnahme, von Spende und von Transfusion an. Sie erfolgten von Lebenden zu Lebenden, jedoch immer unter der Regie des unfühlbaren Todes. Es waren Akte des Lebens, um den Tod abzuweisen oder um ihn zeitweilig zu vergessen. Man gab sich Delirien der Liebe, der Droge des Fleisches, hin, um der Zeit des Alltäglichen, der bürokratischen Verwaltung des Lebens und der todbringenden Routine der körperlichen Verrichtungen zu entkommen.

Wenn man aus diesen Prämissen die logischen Ableitungen zieht, könnte man zusammenfassen, daß Essen, Trinken oder das Aussaugen des Körpers anderer – wie es ja doch bei den Liebesakten geschieht – einen respektablen Liebes- und Huldigungsakt sich selbst gegenüber darstellt. Die Sprache der Liebe (etwa »ich habe dich zum Fressen gern« mit all den persönlichen Varianten) ist die verbale und metaphorische Tarnung eines unterschwellig menschenfresserischen Impulses. Unsere heutigen seichten und oberflächlichen Liebesbeziehungen können sich nicht entfernt mit der unvergleichlichen Größe der Liebe messen, die Artemisia, die Frau des berühmnten Mausolos, bewiesen hatte. Von ihr erzählt man – nach dem Zeugnis von Aulus Gellius und Valerius Maximus – folgendes:

Sie zerpulverte die Knochen des verstorbenen Mausolos und trank sie in Wasser mit gewissen darin aufgelösten Duftstoffen. Die Heftigkeit der Liebe, die sie dem Gatten gegenüber gehegt hatte, erlaubte ihr nicht, ihn anders begraben zu sehen als in ihren eigenen Eingeweiden. Ihr schien, sie könne die Person, die sie so sehr liebte, nur verewigen, indem sie sie in ihre eigene Substanz verwandelte. Und weil sie ihr nicht Leben geben konnte, bemühte sie sich, ihn aufzuerwekken, indem sie ihn sich selbst sozusagen gleichmachte und ihn mit dem eigenen Geist beseelte. Man versteht sehr wohl, wie eine Liebesleidenschaft zu diesem Punkt gelangen kann...[8]

Heute kommen unglücklicherweise gewisse Liebesleidenschaften nicht mehr vor. Die Knochen dienen zu nichts, sondern versperren in schrecklicher Weise die bereits überfüllten Friedhofsgelände. Und dann gibt es einen Unterschied zwischen Liebe und Liebe: einmal die erhabene, sublime und dann die sinnliche Liebe. Hier wollen wir die Liebestränke und Hexenrezepte überspringen, bei denen die Ausscheidungen des Geliebten zu gotteslästerlichem Amalgam mit dem Mehl der Hostie, mit dem Staub des befleckten Leibes Christi verschmolzen. Wir beschränken uns darauf, kurz die eher heiteren, irdischen und erfreulichen Cocktails zu behandeln, die für einen besonderen Zweck vorgesehen waren: nämlich der Potenzsteigerung, den Zusätzen und Bereicherungen, den Beigaben und Stärkungsmitteln der Wollust.

Ihnen wurde die delikate Aufgabe anvertraut, die sexuelle Waffenkammer des Liebhabers entweder zu vergrößeren oder wiederherzurichten. Sie sollten die männliche Begierde in den baufälligen Behausungen des Alters anregen, anstacheln und wecken, wenn einer törichterweise unfähig war, die glücklichen Zeiten und die verlorenen Freuden zu vergessen, und eine erschöpfte Beute unsinniger Besitzwünsche wurde. Liebeselixiere, aphrodisische Latwergen und stimulierende Speisen waren in früheren Jahrhunderten häufig konsumierte Produkte. Die Stärkung der erschlafften Leiber, die durch altersmäßige Auszehrung oder durch das schicksalhafte Erlöschen der natürlichen Wärme kalt und trocken geworden waren, oder die Erhöhung der nötigen Energiezufuhr, um Bettprobleme zu überstehen, signalisierten damals beängstigende und vitale Probleme. Denn das Lebensgefühl und die aktive Präsenz des Mannes auf den Brettern des gesellschaftlichen Theaters hingen in starkem Maße von seiner Virilität ab, jenem grundlegenden Test seiner Fähigkeit, noch seine Rolle zu spielen – und zwar nicht im Reich der Schatten, sondern auf der hinterhältigen und schlüpfrigen Bühne der vitalen Darbietungen der Sinneslust. Bei diesen Dingen war im vormodernen Zeitalter erheblicher Aufwand an energetischem Kapital erforderlich, denn niemandem war es in den Sinn gekommen, darüber nachzudenken – wie es dann Karl Kraus tat –, daß »Erotik... sich zu Sexualität wie Gewinn zu Verlust (verhält)«[9].

Der Traum von der Wiedergeburt des Fleisches ist ein eitler Traum, ein Jahrtausende altes Vorurteil, das viele Generationen von Männern gequält hat. Es hat sich erst in unseren Tagen aufgelöst, da alle einerseits Energie sparen und Verschwendung einschränken müssen und andererseits von den Bedürfnissen unnützen und überflüssigen Konsums überwältigt sind. Damit wurde aber zugleich die Problematik der Begründung menschlicher Existenz in die Rumpelkammern verbannt und der Wunsch nach körperlicher Vereinigung in die Dachkammern für veraltete Dinge abgeschoben. Als müde und passive Mitglieder einer Gesellschaft des Visuellen und als Konsumenten einer mehr diskutierten und betrachteten als praktizierten Sexualität (in der Werbung ist es weithin gängig, gezielt den weiblichen Körper als Werbeträger einzusetzen) sind wir uns nicht vollkommen im klaren darüber, daß der Voyeurismus ein nicht austilgbares Bedürfnis der gesellschaftlichen Massenerotik geworden ist. Dies alles hat noch vor dem ersten Weltkrieg der weitsichtige Karl Kraus erahnt, als er behauptete, daß »das Sexuelle... bloß die Subtraktion zweier Kräfte (ist)«, während »der Voyeuer... drei (addiert)«[10]. Die lasziven Faune wie die maßlosen Satyrn der Vergangenheit haben sich in schreckliche Betrachter des abgebildeten Sexus verwandelt, der wiederum an die Profis der gefilmten oder auf Videokassette aufgezeichneten Kopulation übertragen wird. Das Zeitalter der Zentauren hat sich in einer Epoche, in der das Kunstwerk technisch bis ins Unendliche reproduziert werden kann, überlebt und keinen festen Bestand mehr. Und schließlich haben verschiedene Quellen von Verschmutzung fühlbar das Kapital an Chromosomen der Spezies und insbesondere die Lebensfähigkeit wie die Anzahl der Chromosomen reduziert. Sechzehn Prozent der männlichen Bevölkerung ist heutzutage völlig steril geworden.

Die Umweltverschmutzung und die Lebensmittelverseuchung, die zu engen Jeans, der Arbeitsstreß, die Frustration durch Freizeit und die atmosphärischen Strahlungen haben immer problematischer werden lassen, was ein Kirchenfürst unablässig die »Würde der Zeugung« nennt. Samenbanken und Spermaspender, auf die man zurückgreift, wenn der Gatte keine Zeugungskraft mehr besitzt (wenn also die homologe Besamung der heterologen Besamung den Vortritt lassen muß), haben jener »Gabe der Vorsehung« jeden Rest einer heldenhaft großartigen Aureole entzogen.

Der Mann konnte nicht zu allen Lebensaltern, die genau auf einer auf- und absteigenden Skala festgelegt waren, die die Zeit von der Kindheit bis ins Alter zerlegte, die grundlegende Mission, mit der Frau körperlich in Verbindung zu treten, erfolgreich erfüllen. Auch in dieser delikaten und doch stürmischen Domäne gab es ein goldenes und ein trostlos irdisches Zeitalter. Für Dante begann das höhere Alter mit sechsundvierzig Jahren. Die genaue Aufteilung der verschiedenen Lebensalter stellte ein kompliziertes Problem dar, bei dem die verschiedenen Schulen – die Schule von Salerno zuerst und dann die von Bologna – viel Stoff für Differenzen fanden, vor allem gegenüber der arabischen Medizin, die in Padua ihre Hochburg hatte. Die Theorie der menschlichen Lebensalter schwankte zwischen einer Einteilung in vier Phasen (in Analogie zu den Jahreszeiten) und einer in sieben Phasen wegen der Entsprechungen zu den sieben Planeten. Die Aufteilung in sieben Phasen ging auf Ptolemäus zurück; diese machte sich dann auch das römische Recht zu eigen. Dante, der von der Schule von Bologna herkam, übernahm die festgelegte Einteilung[11] von Taddeo Alderotti (1223-1303), von Dino und von Tommaso del Garbo, allesamt Lehrer an der Universität von Bologna, der »Alma Mater studiorum«.

Das menschliche Leben ist in vier Lebensalter geteilt. Das erste heißt Kindheit, das meint »Lebenswachstum«. Das zweite heißt Jugend, das bedeutet »Alter, das nützlich sein kann«, also Vollkommenheit bieten kann, und so versteht man es vollkommen, weil nichts etwas geben kann, was es nicht hat. Das dritte heißt höheres Alter und das vierte heißt Greisenalter. Wir meinen also, daß die Jugend im fünfundvierzigsten Lebensalter endet. So wie es bei der Kindheit im fünfundzwanzigsten Jahr der Fall ist, die ihm vorangeht und zum Jugendalter aufsteigt. Sodann erfolgt der Abstieg, das heißt zum höheren Alter, das der Jugend folgt, in einem gleichen Zeitraum. Und so endet das höhere Alter im siebzigsten Jahr.

Dennoch erkannte Dante, daß die Grenzen zwischen den vier Lebensaltern nicht ganz starr sind und daß die Zeit des Aufsteigens und des Absteigens, die Hinreise und die Rückreise grundlegende Unterschiede aufweisen können, weil »diese vier Lebensalter länger oder kürzer sein können, je nach unserer Konstitution und Zusammensetzung« (*Convivio,* IV, 24).

Zu unserem Glück sind diese trostlosen Hinweistafeln auf der schwermütigen Reise des Menschen zu seiner endgültigen Auflösung, diese deprimierenden Tabellen mit absteigenden Kurven in unseren Tagen zweckmäßigerweise nachgebessert und verändert worden. Vom Klonen und dem kalifornischen Überwinterungsmodell einmal abgesehen, scheint heute, wenn nicht der Mann, so doch die Frau um die Vierzig besonders begehrt zu werden. Es gibt auch solche, die auf den unwiderstehlichen Zauber der Fünfzigjährigen schwören, vielleicht weil sie vergessen, daß die Entdeckung der Attraktivität des halbsenilen oder gar des senilen Lebensalters der »Neunziger« vor allem eine Art von zeitweiligem Rückfall, eine ungeeignete und übereilte Antwort auf die maßlose Ausschweifung und das Überhandnehmen der Kindfrauen (»lolitismo«) gewesen ist. Dennoch kann sich heute auch eine Vierzigjährige unbefangen erlauben, einen Mini-Rock anzuziehen, und berühmte Sängerinnen von fünfzig Jahren erlauben sich, auf den Titelseiten der Illustrierten ihre (vielleicht) noch bewundernswerten Brüste zu zeigen. Torquato Tasso pries »die Schönheit der Frau Herzogin von Urbino, die nicht geringer wird, weil sie mit dem Alter zunimmt.« Er tat dies mit Versen von hinreißender Zartheit:

> Or la men verde età nulla a te toglie;
> né te, benché negletta, in manto adorno
> giovinetta beltà vince o pareggia.
> Cosi è plù vago il fior poi che le foglie
> spiega dorate, e 'l sol nel mezzo giorno
> via più che nel mattin luce e fiammeggia.[12]
> – (Doch dein nicht mehr grünes Alter kann dir nichts anhaben,
> noch besiegt dich oder gleicht dir – obgleich verlassen,
> so doch in schmucker Hülle – junge Schönheit.
> So ist anmutiger die Blüte, denn sie entfaltet
> goldene Blätter, und die Sonne leuchtet und strahlt
> am Mittag noch stärker als am Morgen.) –

Und wic sollte man nicht, wenn man weiter die Körperbereiche absteigt und noch ganz andere Register zieht, jene sehr ehrenwerte und schöne spanische Dame aus der Zeit Tassos erwähnen, die allerdings etwas bejahrter als die Herzogin von Urbino war und die zu sagen pflegte, daß »keine schöne Dame, oder wenigstens nur sehr wenige, jemals von der Taille an abwärts altern«?

Von der *subjektiven* Seite her betrachtet ist dies sicherlich wahr. Aber es dürfte klug sein, nicht übertriebene Illusionen über den unzerstörbaren Zauber des weiblichen Alterungsprozesses zu haben. Den galanten Lobpreis des dritten Lebensalters überläßt man wohl besser einer gewissen schwermütigen Dichtung *de senectute mulierum* (über das Alter der Frauen), die verliebt ist in den Niedergang und die verblühten Rosen:

Schon beginnt zu fühlen
Meine schöne Frau die Beschädigung
Und den Zahn der Zeit und der Jahre.
Doch mein Verlangen
Kühlt nicht ab und läßt nicht nach.
O schnelle und starke Waffen der Zeit,
Sie kommen mir spät zu Hilfe.[13]

Nicht viele sind unter den »neueren (moderni) Geistern«, die »von den Flammen, oder sollte ich vielleicht besser sagen: den sterblichen Überresten einer betagten Alten träumen«[14] können wie jener widersinnige Autor aus dem 17. Jahrhundert (und er war nicht der einzige), der es wagte, sich wegen eines Überschusses an Heftigkeit *(agudeza)* dem Lobpreis des verwelkten Fleisches hinzugeben.

Ich sehe deine Haare ganz in Grau;
Aber dieser Frost kann die Glut nicht löschen.
Denn noch beherrscht Liebe hinfällige Wangen,
Bestrebt, Trümmer zu erzeugen.
Meinen Lüsten können das Ende nicht setzen
Die entsetzten Flecke ihrer Augen.
Denn Liebe zwingt mich mit unbekannten Kräften
Die Runzeln zu lieben und zu verehren die Stacheln.
Von ihrem Antlitz mit stachligem Stiel
Erkenne ich Rosen der Liebe in mir entstehen,
Die den Schmerz nährt und die den Frost schmilzt.
Sie wird Frau sein, der Herzen ewiges Feuer,
Denn im entflammten Himmel der Liebe
Bringt ein feuriger Sommer den Winter.[15]

Besser ist es doch, der reifen Corisca (Figur aus dem *Pastor fido* von Guarini, d.Ü.) Gehör zu schenken, denn sie hatte ein breites Wissen um die Lebensumstände von Frauen. Sie ist sozusagen eine Theoretikerin für die Vielfalt der Erfahrungen und die Unstetigkeit der Liebe.

Allzu kurz ist das Leben,
Um es nur mit einer Liebe zu verbringen.
Zu geizig sind die Männer
(Sei's eines Fehlers wegen oder aus Stolz)
Mit ihren Artigkeiten.
Und weißt du was? Wir sind so lieb,
Andern so angenehm, solang wir jugendlich frisch sind.
Die Schönheit, die Jugend hebt uns empor;
Doch wie Bienenstöcke
Bleiben wir ohne Waben und ohne Honig,
Verlassen, kalt und matt.
Überlass' es den Männern zu quasseln, Amarilli!
Denn sie kennen nicht
Noch fühlen sie die Entbehrungen der Frauen.
Und zu verschieden ist
Die Lage des Mannes
Von der der schwachen Frau.
Je mehr der Mann altert,
Desto vollkommener wird er.
Und wo er an Schönheit verliert, gewinnt er an Geist.
Aber bei uns schwindet mit der Schönheit
Und mit der Jugend, von der so oft
Die männliche Vernunft und Kraft besiegt wird,
All unser Glück; und doch kann man
Von einer alten Frau weder irgendetwas
Unflätiges oder Gemeines sagen oder denken...
Genießen wir, meine Schwester,
Genießen wir, denn die Zeit verfliegt, und die Jahre
können wohl beheben die Schäden
Ihres vergangenen kalten Alters.
Aber wenn sich bei uns einmal
Die Jugend verliert,
Wird sie nie wieder ergrünen.
Und einem weißen und fahlen Gesicht
kann wohl die Liebe wiederkehren, nicht aber der Liebhaber.[16]

Um aber in unseren Garten zurückzukehren, müssen wir mit gebotener Deutlichkeit betonen, daß früher die Ausübung des Geschlechtsverkehrs vor allem für die Intellektuellen ein gewagtes Unternehmen war. Nicht zufällig hatte Marsilio Ficino, Arzt und platonischer Philosoph, für diese zerbrechlichen Geschöpfe ein eingehendes Lehrbuch für die Erhaltung der Gesundheit, ein Handbuch der Überlebenskünste vorbereitet. Und es ist wohl kaum nötig zu erwähnen, daß Hippokrates den Koitus mit der Fallsucht, der Epilepsie, verglichen hat. Diese allerdings angenehme und allgemein ausgeübte Praxis (aber »die Tatsache, daß sie alle betreiben«, warnte Musil, »bedeutet nicht, daß sie so einfach ist, wie die Dummköpfe meinen«) konnte sich jedenfalls als gefährlich und destabilisierend herausstellen; denn das Austreten des Samens wurde dem vierzigfach so hohen Verlust an Blut gleichgestellt. Ein so erlesenes Konzentrat der edelsten und wertvollsten vitalen Flüssigkeiten (»vollkommenes Blut, das man nie trinkt / aus ausgetrockneten Adern«; Dante, *Das Fegefeuer*, XXV, 37-38) mußte mit umsichtiger Weisheit und besonnener Sparsamkeit verwaltet und verteilt werden. Der zu unüberlegte und abenteuerliche Genuß des Beischlafs war nicht nur gefährlich, sondern in gewissen Fällen verwerflich, weil die kurze Dauer des Orgasmus und der blutige Ausstoß – wie Marsilio Ficino zu erklären suchte – »den Geist, der ein heilig Ding ist, erschüttert und verwundet«[17].

Nicht nur die Intellektuellen, sondern auch die robusten Kriegsleute mußten sich vor der Liebesbegierde *(venerea cupido)* hüten, die sich in Verbindung mit der Liebesstörung *(amoris perturbatio)* dahingehend auswirkte, daß sie

selbst die weisesten Männer oder auch die stärksten Heerführer, die durch keine Kriegsbrandungen oder Listen erschreckt werden, überfällt und zu erschüttern pflegt, ja sogar bezwingt und niederwirft;

sehr scharf macht sie die größten Dummköpfe und die, welche im Urteil als unsinnig gelten; sie treibt die Klügsten in die Tollheit, entfesselt die Gemäßigten und verwandelt schließlich den Menschen in ein unvernünftiges Tier.[18]

Dieser äußerst wichtige Akt reichte aber auch gebieterisch in die Sphäre – wie Ernesto De Martino gesagt hätte – der kritischen Momente der Existenz hinein. So schrieb der verstorbene Anthropologe, indem er Roger Caillois paraphrasierte:

Man braucht sich nicht zu wundern, daß der Geschlechtsakt Ohnmacht, Erbrechen, epileptischen Exzeß und Tod hervorrufen kann. In Frankreich wird er im Volksmund »la petite mort«, der kleine Tod, genannt. Es handelt sich um eine »gefährliche« Erfahrung. In den Bildern, die sich die männerbeherrschte Gesellschaft davon macht, ist die Frau *Giftmädchen, Poucelle venimeuse.*

Den Höhepunkt des Orgasmus bildet die Ejakulation, d.h. die Trennung des Keimplasmas vom Körper – also die Ausscheidung von potentiell unsterblicher Materie. Der Höhepunkt des Orgasmus und die Ejakulation ähnelt dem Tod, und bei niederen Lebewesen folgt auf den Fortpflanzungsakt der Tod.[19]

Es ist ein wahres Glück, daß der Mensch nicht zu den niederen Lebewesen gehört und daß er, ohne allzuviel darüber nachzudenken, mit heiterer Unschuld und unmittelbarer Hingabe etwas so Gefährliches betreiben kann. Eine Angelegenheit, die auch kompliziert ist! So hat denn die Begattung – mehr aus dem Blickwinkel des Verhaltensforschers als des Mythenforschers, mehr aus dem des Physiologen als dem des Religionswissenschaftlers und Historikers – etwas höchst Beunruhigendes an sich.

In einer ersten Phase ist der Organismus in einem Zustand wachsender Überaktivität. Man braucht dabei nicht nur an die Vorgänge in den Blutgefäßen, das Schwellen des Penis beim Mann und das Schwellen der Klitoris und der kleinen Schamlippen der Vagina bei der Frau zu denken, sondern auch an die sie begleitende Beschleunigung des größten Teils der Körperfunktionen: kurzes und rasches Atmen mit der Tendenz zur Erstickung, das eine Zufuhr von venösem Blut bewirkt, eine Steigerung, die ihrerseits zu höherem Blutdruck, zu ungestümen und heftigen Herzschlägen, zu intensiver Drüsentätigkeit (Schwitzen, Ausscheidung verschiedener Schleime) und schießlich zu zunächst tonischer, dann klonischer, d.h. lebhaft bewegter, unregelmäßiger und zum Teil unfreiwilliger Motorik führt. Das Ganze zielt auf den Paroxismus der Ejakulation ab, die bei der Frau ihr Äquivalent in einer starken Kontraktion der Gebärmutter hat, die den Gebärmuttervorfall mit gleichzeitiger Ausscheidung von Schleim bewirkt. Auf dem Höhepunkt bricht plötzlich der ansteigende Rhythmus ab, um einer Reihe von Impulsen hin auf einen Prozeß beständiger Beschleunigung, die offensichtlich selbstbezweckt ist, Platz zu machen. Es folgt ein plötzlicher senkrechter Abfall in die erzwungene Immobilität, in die Ruhe, in den Dämmerzustand.[20]

Sozusagen in ewige Ruhe *(in requiem aeternam)*, möchte man hinzufügen. Das klinische Bild dieser kleinen privaten Apokalypse ist ziemlich beunruhigend. Und doch konnte Roger Caillois nicht wissen (dies ist eine neue Entdeckung von Desmond Morris, einem englischen Verhaltensforscher, der durch seine Forschungen über die Affen bekannt geworden ist), daß selbst die Temperatur der Nase (in gleicher Weise wie das Genitale und auf dessen Temperaturanstieg ansprechend) im allgemeinen in angstbesetzten Situationen um eineinhalb bis drei Grad (Celsius) ansteigt.[21] Die alten Ärzte hatten also nicht völlig unrecht, zu Vorsicht, Klugheit und zum Maßhalten zu raten bei der akrobatischen Tätigkeit eines so wirbelsturmartigen Geschäfts, das – vor allem für den Herzkreislauf – nicht ohne Tücken ist. Dennoch hätte wahrscheinlich Mircea Eliade, Religionshistoriker und Kenner der indischen Liebestechniken, einen Vorschlag machen können, um die Unenthaltsamen des Westens zu beruhigen. Er hätte zu Techniken eines haushälterischen Umgangs mit dem heiligen und wertvollen Körper geraten, wie sie von gewissen Gurus und Medizinmännern des Yoga angewandt werden. Im übrigen gab es auch im Westen im fortgeschrittenen 16. Jahrhundert, im klassischen Zeitalter der »Skrupel«, Leute, die besorgt, wenn nicht geradezu bestürzt, über das »Geheimnis des Beischlafs«[22] nachgedacht haben.

## 2

# Die zweckfreie Kurzweil

Es scheint, daß lediglich Paulus von Ägina, ein byzantinischer Arzt, behauptete, »der Leib nehme durch Sexualverkehr zu«. Andere waren jedoch der Ansicht, »der Leib wachse durch von außen Hinzukommendes (accidens)«, denn nur dadurch könne er wieder stark und sogar dick werden. Dazu müsse man sich einer exemplarischen Diät bedienen und »Hindernisse einer guten Verdauung beseitigen«. Die meisten meinten, man müsse den Sexualverkehr meiden, denn sie sprachen sich dafür aus, den Samen zu horten und zurückzuhalten. Denn »der Same könne in seinen Gefäßen nicht faulen. Daher enthielten sich viele Athleten nach alter Sitte gänzlich dieser Kurzweil«.[1] In neuerer Zeit mieden auch die türkischen Kämpfer, die großen Ruhm genossen, diese agonalen Schüttelkrämpfe: »Die großen türkischen Ringer kennen sich mit der Liebe gut aus.« Vielleicht haben heute die aufbauenden Steroide der Sportler die gleichen Wirkungen, da sie die Muskeln anschwellen lassen und die Hoden verkleinern.

Das Emblem für die Zügellosigkeit war der wollüstige Spatz, von dem man glaubte, daß er durch seine zügellose Laszivität zerstört und in Pulver verwandelt wurde. Denn auch Aristoteles hatte gesagt, daß »die geileren Tiere ein kürzeres Leben haben«. Man mußte sich also nicht wundern, daß die Kadaver der sehr schlimmen und allzu geilen Spatzen sich im Nichts auflösten. »Von den Spatzen, die man deshalb für schimpflich hält, kann man nie eine Leiche finden.«[2]

Bei seinen scharfsinnigen Überlegungen über die *venerea voluptas* (Liebesbegierde) kam Julius Cäsar Scaliger zu dem Schluß, daß diese Form von Vergnügen ihren Katalysator in einem geheimnisvollen *sextus sensus* (sechsten Sinn) finde. Die *titillantissima voluptas* (überaus kitzelnde Begierde) hing weder von dem »ordnenden Prinzip« (temperatio), das dem Samen innewohnt, noch von der »Form« (forma) ab.

> Denn wenn der Same mit der Hand berührt wird, wo der Mensch seinen vorzüglichsten Sinn und die flexibelste Ortskenntnis hat... ist er keineswegs aufreizend. Ebenso, wenn du die Samenmilch in die Harnröhre einfließen läßt, erregt sie keine Wollust. Also hängt es nicht von ihrer runden Gestalt ab, sondern, wie wir sagten, es ist ein gewisser sechster Sinn, und davon hängt auch der Genuß ab. Beide wirken nicht ohne Berührung, sondern dieses ist mit jenem gegenseitig verbunden. Der Genuß ist dem Einzelnen gegeben, jene andere hat er aufgrund der Spezies. Und in der Tat, wenn man nicht durch jene Wollust gelockt würde, wie wenige würden da wohl den Koitus ausüben?[3]

Es gibt demnach einen subtilen sechsten Sinn, der sich in einem undefinierbaren Amalgam (ja einer Verschmelzung) von Berührung, die der Spezies eigen ist, und dem Genuß, der dem Einzelnen zukommt, ausdrückt. Wenn diese rätselhafte wollüstige Verbindungsfeder an der Gabelung zwischen den beiden Sinnen nicht losschnellen würde, wie viele würden wohl das Bedürfnis empfinden, sich einem solch entkräftenden Spiel hinzugeben? Es ist die weise und weitsichtige Spezies, die »Musik der Berührungen«[4] und die »Zartheit der weichen Hand«[5], die eine so »unflätige und so ansteckende Angelegenheit«[6] erträglicher machen.

Zur gleichen Zeit, als Julius Cäsar Scaliger die geheimen Mechanismen der Lust analysierte, hatte Giovanni Marinello, ein hippokratischer Arzt aus Modena und guter Kenner der Probleme mit der Welt der Frauen, richtiggestellt, daß »das zurückgehaltene Sperma für unseren Körper ein todbringendes Gift ist«. Er erkannte, daß der gewissenhafte und mäßige Umgang mit der edlen Quintessenz des Blutes einen

kräftig, rüstig und tapfer [macht]. So sehen wir es klar an den Pferden, die, nachdem sie die Stuten besprungen haben, wiehern, springen und sich selbst kaum mehr kennen. Dann legt sich das Wüten, und jeder schwere Gedanke schwindet aus dem Geist. Darauf erwacht dann in uns die Schärfe des Verstands, und gute Manieren, würdevolles und stattliches Auftreten werden unsere Zierde sein. Folglich schläft der Mann auch viel besser, die natürliche Wärme erwacht in ihm, und seine Kräfte wachsen. Hilfreich für den, der schwermütig ist.[7]

Mit dieser Ansicht setzte er sich in Gegensatz zu Marsilio Ficino. Eine Generation nach dem Erscheinen von *Gli ornamenti delle donne* (Der Aufputz der Frauen) und von *Le medicine pertinenti alle infermità delle donne* (Arzneien gegen die Krankheiten der Frauen), den bekanntesten Werken des Gynäkologen und Kosmetologen Marinello, bestätigte Alessandro Petronio aus Rom (wenn auch in einem anderen kulturellen Kontext), daß der Koitus, wenn er »zeitlich und zahlenmäßig angemessen« praktiziert wird, das beseitigt, was der Arzt aus Modena »Heftigkeit des Samens« nannte, und das »die Gewandtheit des Körpers, die Mühelosigkeit des Atems und die Heiterkeit des Gemüts« erzeugt.

Deshalb ist in dem Körper, den man reichlich nährt, großer Überfluß an der frischesten und besten Nahrung. Sie setzt sich wie im verflossenen Lebensalter in Zunahme des Körpers um, weil der Mensch sehr langsam wächst, aber beinahe nichts verwandelt sich in Samen. Der zersetzt sich dann elendiglich, wenn er nicht gebührend ausgeschieden wird, bereitet dem Mann große Beschwerden und macht ihn bald mager und alt. Wenn er ausgeschieden ist, wie es angebracht ist, ist der Mann sehr erfreut und befriedigt, in gleichem Maße, wie es ihn belastete, bevor er abgegangen war. Und weil die Schamteile in starkem Zusammenhang mit der Brust stehen, erfolgt aus der Zurückhaltung des Samens Atemnot. Daher wird der Mann danach besser atmen können, und wie er von diesem und anderen Gebrechen frei ist, so freut er sich über alle Maßen. Aber wenn er die 42 oder bei einigen die 49 überschritten hat, bis zum Alter von 63 oder auch früher, einer Zeit, in der man den Mann bei den Griechen *omoghéron* (ὠμογέρων) nennen konnte, bei den Lateiern von einem *crudus* und bei uns von einem »grünen Alten« sprechen kann, darf er sich bei diesem Geschäft nur wenig ins Mittel legen. Und je mehr er sich den 63 nähert, desto weniger darf er sich dessen befleißigen, weil man von dieser Lebenszeit wirklich sagen kann, daß einer alt ist.[8]

Der Mensch hat wie die Jahreszeiten seinen eigenen Zeitzyklus. Wie die »Natur der Pflanzen«[9] kennt »unsere gute und rechtschaffene Natur«[10] ihre Frühlinge und ihre Winter. Selbst die »Konstitution unseres Samens«, die nach dem Plan eines biologischen Uhrwerks gebaut ist, deren vitale Triebfeder die »natürliche Feuchtigkeit« ist, ist nach dem Zeitmaß des Sonnentages wirksam. Dieser beschreibt einen Bogen, der »am Tag von der dritten bis zur neunten Stunde (wobei die sechste aus einsichtigem Grund in der Mitte liegt), dann bis zur Vesper (reicht) und von der Vesper an von vorn beginnt«[11]. Dennoch ist es auch für »Aristoteles, den Lehrmeister unseres Lebens, nicht unwichtig, den höchsten Punkt dieses Bogens zu kennen«. Unbekannt ist der Augenblick, in dem der Niedergang und das Ende des Lebens beginnt, das der Lehrmeister derer, die recht wissen, für »nichts anderes als ein Auf- und Absteigen«[12] hielt.

Wenn die Lebenslust, die »jenes Verlangen ist, das an allen Ecken und Enden der irdischen Begierden entsteht«[13], keinen Zügel in der Mäßigung findet, kann das zu verheerenden Ausschweifungen führen.

Tatsächlich muß diese Begierde von Vernunft beherrscht werden. Denn wie ein freigelassenes Pferd sich auch ohne guten Reiter gut verhält, wenn es von guter Natur ist, so muß auch diese Begierde, die man reizbar und lüstern nennt, der Vernunft gehorchen, wenn sie von edler Natur ist; die führt sie dann mit Zügeln und Sporen wie ein guter Reiter. Den Zügel benutzt er, wenn sie davonjagt, und diesen Zügel nennt man Mäßigung (Temperanza).[14]

Wir alle wissen, daß die Vernunft (zusammen mit der »Neigung«) *est toujours la dupe du cœur*, immer der Lockvogel des Herzens ist, wie es die Aufklärer wohl wußten, die von *raison* (Vernunft) und von *esprit* (Neigung) etwas verstanden.

Die »grünen Alten« unserer maßlosen und verwirrten Zeit sollten vernünftigerweise diese bitteren Wahrheiten zur Kenntnis nehmen. Sie sollten wieder die alten heiligen Texte der Kultur der Körpersäfte und der Stimmungen lesen, die noch immer den neuen männlichen und weiblichen Yuppies und Managern viel zu sagen zu haben scheint.

Alessandro Petronio, der den Koitus in Übereinstimmung mit der weisen früheren Physiologie entsublimierend als Vorgang des Ausstoßens des Ausscheidungsüberschusses, ja beinahe als eine natürliche Reinigung interpretierte, fuhr dann fort:

Bisher haben wir von der Entleerung und der Füllung gesprochen, jetzt werden wir vom Koitus reden. Er geht nämlich auf die Entleerung zurück und hat seinen Ursprung im Überfluß an Nahrung. Daraus folgt, daß diejenigen, deren Nahrung nicht reichlich ist, wie es bei den Kindern und den Alten der Fall ist, natürlicherweise nicht zum Koitus geneigt sind. Denn dabei entsteht großer Schaden, wie es oft vorkommt, wenn der Mann ihm verfällt, und daher soll der, der diese Gefahren meiden und ohne Ehefrau leben will, wenig essen und darauf achtgeben, den Körper zu schwächen, er soll darauf achten, sich vor dem Wein zu hüten und niemals müßig zu gehen; er soll sich auch befleißigen, sich mit Fasten und also auch mit Wachen und schweren Arbeiten zu kasteien.

Derjenige nun, der eine Frau hat und mit ihr seine Pflicht tun will, kann ganz frei vom 21. bis zum 35. Lebensjahr den Koitus ausüben; von dieser Zeit an bis zum 49. Lebensjahr soll er sparsamer damit verfahren; vom 49. bis zum 63. Lebensjahr noch sparsamer; von da an soll er sich vornehmen, den Koitus nicht mehr auszuüben, außer wenn er von der Natur mehr als stark getrieben wird, jedoch nicht durch äußere Anreize, weil er etwas gesehen hat, was ihm gefällt. Denn der Same ist beste Nahrung, wenn er außer der Zeit ausgeworfen wird. Damit das nach dem 63. Lebensjahr nicht geschieht, ist es notwendig, daß der Mann nicht nur schnell abmagere, sondern sich auch beeile, auf sein Lebensende zuzugehen.

Und hier muß man zur Kenntnis nehmen, daß diejenigen, die bei der Ausübung des Koitus den Samen schnell ausstoßen, etwas damit zurückhalten sollen, ihn so schnell auszustoßen, wenn sie seit kürzerer Zeit wenig Speisen zu sich genommen haben. Und diejenigen, die ihn langsam loslassen, sollen schneller damit machen, wenn sie den Koitus in nüchternem Zustand ausüben.

Diejenigen nun, die mit größerem Vergnügen und Wohlgefallen darauf bedacht sein wollen, Kinder zu zeugen und daher eine größere Menge Samen benötigen, werden den Koitus mit größerer Wirkkraft und größerem Vergnügen ausüben, wenn sie, bevor sie sich an dieses Geschäft machen, wozu der Mann sich gewöhnlich anschickt, wenn er eine Frau nimmt, eine Gemüsesuppe mit frischem Brot und halbgaren Eiweißen machen, die milchig geworden ist. Diese soll man drei oder vier Tage lang jeden Morgen und Abend vor der Mahlzeit einnehmen. Ich glaube nun nicht, daß es etwas Besseres in diesem Fall gibt, auch wenn einige die Tauben in Rotwein und mit Gewürzen, andere die Milch von Pinienkernen, wieder andere die Skinke, einige auch die Spatzen oder jene Art von Pilzen, die man Bulbo [= Zwiebel] nennt, und noch mal andere die Zuckerpille mit dem Namen Diasatirion [deutsch etwa: Wollustpille] loben.[15]

Alessandro Petronio, Oberarzt der Heiligen Höfe im Dienst von Gregor XIII. und wohl auch Arzt von Ignatius von Loyola (die italienische Übersetzung seiner Abhandlung, die mit Privileg von Clemenz VIII. erschien, kam 1592 heraus; in der Prälatenaura, in die auch die Widmung gehüllt ist, ist sie an einen Kardinal der Heiligen Römischen Kirche gerichtet) konnte nicht umhin, das Problem der Ansammlung des Samenrohstoffes und der guten Verwendung des Samen-Kapitals dem ehelichen Band unterzuordnen. Seine Vorschriften müssen daher im Rahmen einer Logik katholisch-gegenreformatorischer familienpolitischer Sexualmoral gelesen und interpretiert werden, bei der die »Pflicht« gegenüber der Ehefrau und die Vermehrung der Unschuldigen nicht von der Suche nach »größerer Wirkkraft« und »größerem Vergnügen« losgelöst ist. In diesem Sinne müssen auch die diätetischen Ratschläge verstanden werden, die – im Rahmen der Familienplanung – in der häuslichen Küche durchgeführt und von der emsigen Hausfrau zubereitet werden sollten. Es sind Ratschläge und Rezepte für eine hausfräuliche Venus, die einen speziellen vollständigen Ablaß genießen, ja sogar von der Heiligen Römischen Kirche gesegnet werden und die jene satyrhafte und zügellose Füllung verlieren, die die Suche nach stürmischen Vergnügungen und verbotenen Lüsternheiten prägt. Mit dem Segen des Kardinalvikars läuft sich Venus zum Wohle der Nachkommenschaft heiß und verwandelt sich in einen Hausengel, eine Hüterin des heiligen Bandes, das zäh mit dem Pech der gesegneten Begattung eingeschmiert ist. Zu keiner anderen Zeit war die Göttin der Lust und der Liebe der allerkeuschesten und unbefleckten Jungfrau so gefährlich nahe gewesen.

Diese Gemüsesuppe mit »frischem Brot und halbgaren Eiweißen..., die milchig geworden ist«, ist ein deutliches und sehr klares Zeichen für die »Hausbackenheit« dieser Heimchen-Venus, die an den Herdstellen herumschlurft. Es ist eine schlichte und nahrhafte Latwerge, ein *poculum amatorium* (Liebestrank), der von der häuslichen Küchenhexe zubereitet wird, ein preiswertes Rezept, das man drei oder vier Tage lang »jeden Morgen und Abend vor der Mahlzeit« zu sich nehmen kann. Es scheint unglaublich, aber »Weißbrot, in guten Wein eingeweicht« – so empfahl auch Giovanni Marinello – »hilft sehr schnell bei [sexueller] Schwäche«[16]. Es waren im übrigen die Jahrhunderte, in denen die Bauern, um sich auf den Beinen zu halten, »Leinsamen oder Samen vom Flachs« aßen. Aus dessen »Mehl machte man kleine Pfannkuchen mit Honig und Pfeffer, die die geschlechtlichen Begierden erregten.« Die von Alessandro Petronio dem Ehepaar empfohlene Gemüsesuppe (eher ein Brei als eine Suppe), eine Variante der in eine Latwerge oder einen Brei verwandelten Brotsuppe, stellte für gewisse Familien von damals ein Höchstmaß an Ausschweifung und einen Abfall in verschwenderische Diät dar. Sie war der einfachste und der erprobte Talisman für das Glück ehelicher Sexualität, jedem Haushalt zugänglich und der magische Lekkerbissen, dem die nicht einfache Mission anvertraut wurde, die männliche Potenz zum familiären Nutzen zu steigern und den Virus der Wollust, mit Effizienz verkoppelt, einzuimpfen.

Der gute römisch-katholische Arzt wußte dennoch besser Bescheid, als er glauben machen wollte. Verständlicherweise reserviert und mit verhüllter Zurückhaltung scheint er sozusagen zufällig eine ergänzende Reihe von Vorschlägen einzuführen, die alle der erprobten kanonischen Rezeptesammlung der Küche und der Zuckerbäckerei für Lüstlinge angehörten. Die »Zuckerpille mit dem Namen Diasatirion« ist nämlich ein Klassiker der Profan-Theologie, die sich der Auferstehung des Fleisches widmet, jenes »Fleisches ohne Knochen«[17], das in die Frauen eindringt. Darauf verwies ein slawisches erotisches Rätsel, das Roman Jakobson erwähnte, der exemplarisch die enge Verbindung des Motivs der Auferstehung mit dem phallischen Motiv in der mitteleuropäischen Volkskultur herausgestellt hat. Die Knöllchen oder Zwiebeln dieses umstrittenen und kaum greifbaren Orchideengewächses (vielleicht zu identifitieren mit dem *satyrium hircinum* = *himantoglossum hircinum* = Riemenzunge, dem sogenannten »testicolo di cane«

oder »testicolo di volpe« (it.); (dt.: Bockshoden, Geilwurz, Hammelschwanz u.v.a.) genossen seit den Tagen des klassischen Hellas unangefochtenes Ansehen.

Das »Diasatirion von Mesuë« [Mesuë = Yūhannā ibn Māsawaih] wurde in riesigen Mengen aus »Geilwurz..., zwiebelartigen Wurzeln, die im Volksmund auch Bockshoden genannt werden«, hergestellt und genoß vom Mittelalter bis zum Barock weitverbreiteten Ruf. Es war eine vorzügliche Latwerge, die unfehlbar »Liebesverlangen hervorruft«, »das Sperma vermehrt, den Wunsch zum Beischlaf erhöht und die männliche Rute erigieren läßt«. Es mag vielleicht sinnvoll sein, das Rezept zu diesem Edelstein der erotischen Pharmazie in seiner im 17. Jahrhundert verbreiteten Fassung mitzuteilen.

Man nehme ein Pfund weißen und sauberen Pastinak (secacul), der in der zweiten Brühe von Kichererbsen gekocht wurde, acht Unzen Riemenzunge, drei Unzen Rettichwurzel, zwei Unzen Drachenwurz. Dies zerstampfe man und gieße Kuhmilch oder Schafsmilch darüber, die es zwei Finger breit bedecken soll. Jeweils vier Unzen Sesamöl und frische Kuhbutter sind (mit gehörig Feuer) zu kochen, bis sie eingedickt sind. Wenn es dann nicht genügend gekocht ist, gebe man erneut Milch, Öl und Butter zu und lasse es vollkommen gar werden. Dann füge man sechs Pfund besten Honig und eineinhalb Pfund Saft von wäßrigen Zwiebeln bei. Man läßt erneut alles kochen, bis es gute Konsistenz annimmt. Dann nehme man es vom Feuer und gebe folgendes Pulver hinein: Acht Achtelunzen Schwanz und Lenden vom Skink, jeweils vier Achtelunzen Raukensamen, Kressesamen, Pastinaksamen, Senfsamen, Spargelsamen, Ingwer, Zimt, langer Pfeffer und Vogelzunge [= lingua avis = fraxinus excelsi = Esche]. Wenn sie mit besagtem Fleisch vermischt sind, füge man eineinhalb Pfund geschälte Pinienkerne und zwei Unzen geschälte Pistazien hinzu. Man mische alles gut und aromatisiere es mit einer Achtelunze guten Moschus.[18]

Dieses sexuelle Allheilmittel, Inbegriff und Summe der künstlich herbeigeführten Erotik, das dem Araber Mesuë zugeschrieben wurde, kannte als Variante das »Diasatirion Nicolai« (hergeleitet vom Namen Niccolò da Salerno, der im 15. Jahrhundert gelebt hatte). Jenes »weckt die Lust«, während das »Diacameron Nicolai« »die Ausschweifung hervorruft«.

In der Renaissance blieb sein Ansehen unangetastet, aber gewöhnlich war die Ungewißheit bei der Identifizierung dieses wundervollen pflanzlichen Zusatzstoffes groß. Der Begründer dieses aphrodisischen Mythos, des Mehrers der Begierden und Spenders wunderbarer Energien, scheint Theophrast, ein Schüler des Aristoteles und Autor der *De historia plantarum* (Geschichte der Pflanzen) gewesen zu sein.

Pietro Andrea Mattioli berichtet bei der Beschreibung des Satyrn Eritronios:

> Dies Kraut, das ein Inder gebracht hatte, war wahrhaft wunderbar, um die Liebesbegierden anzuheizen. Denn nicht nur durchs Essen, sondern schon durch die Berührung regte es die Menschen sehr zum Beischlaf an und machte sie so potent, es zu treiben, so oft sie daran Gefallen hatten. Und zwar in der Weise, daß man von denen, die es angewendet hatten, sagen konnte, sie hätten es mehr als zwölf Mal getrieben. So konnte man mehrmals von diesem Inder sagen hören, der einen starken und robusten Körper hatte, er habe es an jenem Tag siebzig Mal getrieben, aber freilich indem er jedes Mal nur wenige Tröpfchen Samen vergossen hatte, der sich gleicherweise in Tröpfchen reinen Blutes verwandelte. Und man sagte, daß sich die Frauen noch mehr als die Männer erhitzten, wenn sie diese Arzenei nehmen.[19]

Es wird besser sein, keine Vergleiche zu ziehen und sich jedenfalls nicht beeindrucken zu lassen. Es handelt sich um Unternehmungen von Fakiren, um esoterische Magien, indische »Wunderdinge«, fabulöse Erzählungen, die aus jenem legendären Orient, der Brutstätte auch erotischer Träume in den Okzident kommen, an denen sich Europa gierig nährte. Sie waren aus den Landstrichen des irdischen Paradieses oder dem Königreich des Priesters Gianni* bis zu uns gelangt. Dort grenzte der *hortus sanitatis* (Garten der Gesundheit) an den *hortus vo-*

* Priester Gianni = Priester Johann, ein sagenhafter christlicher außereuropäischer Herrscher (A.d.Ü.)

*luptatis* (Garten der Wollust) an. Es war jener Venus-Garten, wo

all das, was an Weichem die zarten Sabäer haben,
die fruchtbaren Inder und die glücklichen Araber,
das, was die Hügel von Hybla hervorbringen können,
die Strände von Taranto oder die attischen Hänge,
das, womit ihr, Gärten der Insel Panchaïa, reichlich ernährt,
ihr Wiesen vom Hymettos und ihr Felder des alexandrinischen Chora,
unter günstigem und gütigem Stern
in jenen Gärten versammelte die zyprische Venus.

Dort müht sich die äthiopische Katze und weithin
läßt sie von ihrer Kraft eine Spur in der Luft.
Dort mangelt es nicht am Duft
von spanischer Paste und maurischer Mixtur.
Kassie, Majoran, Gewürzdolde, Dill und Scherbelkraut
und Lavendel und Thymian richten jedes kranke Herz wieder auf,
Eberraute, Feldkümmel und Sonnengoldblume
und Goldregen, Brunnenkresse sowie die Lilie.

Dort gibt es Alpenveilchen* an sonnendurchflutetem Strand,
das die Glieder zu leichtem Angriff ausrecken läßt.
Dort gibt's den arabischen Dorn** und den gemeinen Lavendel,
der viele Knoten von Ruten in die Höhe hebt;
die Dattel aus Äthiopien ißt man da,
aus Syrien das wirkkräftige Rosenholz;
woanders wächst der scharfe Zimt,
und die pontische Walnuß regnet einem zu Füßen.

Unter den achtbarsten Pflanzen verflicht der Bärenklau
seine Blätter und bringt sie hervor,
und die Terebinthe sowie der kretische Ascherwurz,
woraus ärztlicher Saft abtropft und hervorquillt.
Und die libysche Binse sowie das Zyperngras
und aus Indien wächst da der weiße Ackerwurz.
Wer kann die Reihe so vieler fremdländischer Pflanzen
aufzählen, die unbekannt sind unter unserem Himmel?[20]

* = Hirschbrunst
** = Eberwurz

Im Lustgarten der zyprischen Venus wuchsen »fremdländische Pflanzen«, »die unbekannt sind unter unserem Himmel« (der »scharfe« Zimt, die »pontische Walnuß«, der »weiße Akkerwurz« aus Indien); es liebäugelte die »hinterhältige Quelle«, »in der sich Hermaphrodit mit der Quellnymphe Salmakis verband«. Das Wasser dieser Quelle

> besaß die verborgene Eigenschaft,
> die laue Begierde wieder zu entflammen;
> außerdem wurden Kräuter in ihr getränkt.

Denn in diesem venerischen Aufguß, in dieser flüssigen »Mischung«

> da war der Phallus und das Satyrion, bei dem Blüte
> und Wurzel schamlose Formen darstellt,
> die Minze, die von Natur aus lasziv ist,
> die Rauke, die die Liebesbegierden aufreizt.
> Und dort gab es ein Gemisch von anderen Heilkräutern,
> die bereits am Hang von Lampsakos gepflanzt wurden.[21]

Unter den aphrodisischen Kräutern (der Minze und der Rauke; auch der Kardinal Pietro Bembo hatte diesen anregenden Gewächsen ein auserlesenes Gedicht gewidmet), triumphiert neben dem rätselhaften »Phallus« (der Ausdruck, dessen Interpretation umstritten ist, verwies vielleicht auf einen besonderen Pilz) das bereits bei Plinius (*Naturalis historia*, 26.96) bekannte »Satyrion« [– Knabenkraut, Stendelwurz, Hundshödlein u.a.] mit seinen »schamlosen Formen«. Giambattista Marino, der wollüstige Sohn der Sirene Parthenope, war auch – so erwähnt es der Biograph G.F. Loredano – »wegen der Liederlichkeit seiner Lebensweise, der Zügellosigkeit seiner Sitten und der Unmäßigkeit in seiner Verköstigung«[22] berühmt. Der unermüdliche, schlaflose Lüstling und Schriftsteller, der die »für die Zwecke der Natur bestimmten Stunden entweder auf Studien oder auf Vergnügungen«[23] verwandte, konnte die wunderbare Frucht der gehaltvollen Erde nicht vergessen, die sein Zeitgenosse Alessandro Petronio fortwährend empfahl, selbst wenn er nicht jenes übermäßige Zutrauen hatte, das der berühmte Arzt Pietro Andrea Mattioli aus Siena ihr entgegenbrachte. Der satyrhafte Marino verabscheute männlich »jenen Aufputz, der auf einen weibischen und memmenhaften Geist hinweist« (er schrieb auch eine schroffe Kanzone »gegen das schändliche Laster«, die Homosexualität). Er konnte die »übertriebene Körperkultur« nicht leiden, so daß er, da er vor allem den Spiegel haßte, »oftmals unziemlich und schmutzig erschien«[24]. Er identifizierte sich mit seinem »lüsternen und geilen Satyrn«, indem er »auf dem Rand eines Bettes (...) eine sehr schöne Nymphe mit den Armen umschlungen haltend (...) die Blume aller Freuden« pflückte. Und das junge Mädchen seufzte »unter den knorrigen und starken Umarmungen / des stämmigen Liebhabers«, während sie in den »groben Seilen / immer mehr sich verkettet und verknotet und verstrickt / so daß niemals stärker / Holz mit Holz verklammert, vernagelt und festgeschnallt war.«[25]

Die mythologische Schändung und der mythologische Raub, die die erotische Dichtung des 16. und 17. Jahrhunderts mit besonderem (und verdächtigem) Interesse pflegte, schmückten eine latente Tendenz im Unterbewußtsein vieler Frauen damals aus, indem sie sie in eine fabulöse Sphäre projizierte. Die weibliche Begierde stand in der vormodernen Zeit der männlichen in nichts nach. Die weibliche, weder von Medizin noch Hexerei beeinflußte Ausschweifung entstand aus der warmen und feuchten, ursprünglichen und unaufhaltsamen Natur. Um deren Hitze zu dämpfen, um deren Verlokkungen zu mildern oder um deren begehrliche Verlockungen zu exorzieren, schrieb die Pharmazie eher kalte und trockene Nahrungsmittel vor, die nicht etwa »warme und feuchte oder blähende Eigenschaft« hatten – wie z.B. die bereits identifizierten und von Galen beschriebenen sogenannten »Bockshoden« mit der doppelten Wurzel. Die größere davon erregte beim Trinken »Liebesbegierden«[26], die kleinere dagegen die gegenteilige Wirkung. Oder wie der Same des Mönchspfeffers, gemeinhin »Keuschlamm« (agno casto) genannt, der – so erklärte Mattioli – »in gebratenem oder rohem Zustand gegessen, den genitalen Samen zu Liebesausbrüchen zwingt und nötigt. Das gleiche erreichen das Laub und ebenso der Same. Daher glaubt man, daß sie die Menschen keusch machen, nicht nur, wenn man davon ißt oder trinkt, sondern auch, wenn man sich darauf legt. Und daher kommt es, daß in Athen die Frauen bei den Opfern der Ceres das Bett ganz aus Pflanzen machen und daher hat es auch den Namen »Agno« (= lat. Lamm; hier abgeleitet von gr. hagnós = keusch, d.Ü.), was lediglich betont: keusch.«[27]

Um »die Liebesbrünste zu unterbinden«, schrieb der antike Dioskurides vor, »den Samen von Keuschlamm zu trinken und gleicherweise die Blätter auf die Hoden zu legen, Burzelkraut zu kauen«, »Lattichsamen zu trinken, fleißig den Blätter- und Samenabsud vom Dill zu trinken, Raute in die Speisen zu tun und zu trinken zu geben, eine weniger volle und starke Wurzel vom Bockshoden einzunehmen, den unteren Teil der Wurzel von der Schwertlilie zu trinken, Schierling zu zerstampfen und auf die Hoden zu legen... das ist die wirksamste Arzenei«.[28]

Sein größter Interpret in der Renaissance, P.A. Mattioli, riet seinerseits, »Kampfer auf die Nieren aufzulegen, Wein, in dem eine Meerbarbe gewesen ist, einzunehmen, Lattichsaft mit Kampfer auf die Hoden zu geben, Samen derselben Pflanze mit Mohnmilch zu trinken, reichlich Hanfsamen zu essen und Raukensaft auf die Hoden aufzutragen.«[29] Die Abkühlung der Hoden stellte, wie man bemerkt haben wird, für die antiken Therapeuten in Fällen von unzügelbarer Unenthaltsamkeit die größte Sorge dar. Und es wird auch nicht entgangen sein, daß das Burzelkraut oder der Portulak (*portulaca oleracea latifolia*) allgemein angeraten wurde, weil es »den Willen zum Beischlaf nimmt«[30] und »die Liebesbegierden vergessen läßt«[31].

Aber auch in den Meerestiefen konnte sich das entscheidende Heilmittel befinden. In den Meeren von Brasilien lebte ein Fisch, der »im Gesicht den Frauen der Spanier ähnelt und daher Frauenfisch (pesce donna) genannt wird«. Er hat »außergewöhnlich kalte Knochen« und ist so »voller Tugenhaftigkeit«, daß er das Blut erstarren läßt, das aus den Wunden oder den Adern strömt. Er ist sehr wirkungsvoll für die »Keuschheit und für die Unterdrückung der Triebe des Fleisches«. »Ja«, schrieb der Pater Filippo della Trinità in seinen *Viaggi orientali,* »sie machen sogar die Männer impotent«. Diese fabelhaften Geschichten wurden freilich eiskalt von jenem unversöhnlichen und gelassenen Experimentator im Dienste Ferdinands II. und Cosimos III. von der Toskana, dem lächelnden Leibarzt Francesco Redi, verrissen.

Verschiedene bearbeitete Glanzstücke dieses Knochens wurden zu verschiedenen Zeiten Seiner Durchlaucht, dem Großherzog, meinem Herrn, geschenkt. Wenn ich die verwendet habe, haben sie mir nie das geringste Anzeichen der erwähnten Kraft, das Blut zu stillen und die libidinösen Wünsche zu dämpfen, gegeben.[32]

Es wäre wirklich seltsam gewesen, wenn ein Fisch mit einem Frauengesicht das Verlangen nach Frauen gedämpft und ausgelöscht hätte.

# 3

# Geschlechtliche Begierde

Männer und Frauen jagten freilich weniger Keuschheitsidealen nach oder suchten neue Geheimmittel »gegen die Glut der Begierde und der Brunst«[1] (wie Caterina Sforza, die Herrin von Forlì, in ihren *Experimenti* schrieb), sondern waren eifrig auf der Suche nach Heilmitteln und Arzneien mit entgegengesetztem Vorzeichen.

In der *Clizia* von Niccolò Machiavelli richtete sich der alte Nicomachos mit den gleichen Stärkungsmitteln für den Liebesrausch ein, die viele Jahre später auch bei Alessandro Petronio ein gewisses Ansehen genossen: Knabenkraut und Tauben.

> Ich nehme zuerst ein bißchen Latwerge, die man Knabenkraut nennt... Das läßt zu diesem Behufe einen Mann von neunzig Jahren genauso wie einen Siebzigjährigen wie mich wieder jung werden. Nach dieser Latwerge werde ich nur ein paar Sachen, aber alle nahrhaft, essen. Zuerst nehme ich einen Salat aus gekochten Zwiebeln, sodann eine Mischung aus Bohnen und Gewürzen... Diese Zwiebeln, Bohnen und Gewürze werden, da sie warmhaltend und blähend sind, einer Genueser Karacke wohl Segel setzen. Daraufhin ist eine fette gebratene Taube vonnöten, die so mittleren Alters ist und ein bißchen blutet.[2]

Die Anspielung auf das Schiff, das von stürmischen Winden getrieben, schnell dahinschießt, verweist auf die verbreitete

Ansicht, daß »blähende« Nahrungsmittel beste Stärkungsmittel für die Liebesdienste seien. So waren außer den Bohnen (die in Gestalt den Hoden ähnelten) die Maronen geschätzt, weil sie »zum Beischlaf anregen, da sie blähend sind«. Und noch mehr galt dies für die Eierpflanzen, die Auberginen. Dieses ambivalente Nachtschattengewächs (»ungesunder Apfel«) wurde für sehr geeignet gehalten. »Lüsternheit hervorzurufen, was sie mit Leichtigkeit fertigbringen, da ihre (Früchte) blähend und schwer verdaulich sind.« So geht es aus einer mittelalterlichen Tradition hervor, die durch ein hinreißendes Geschichtchen aus dem *Novellino,* jener alten italienischen Novellensammlung aus dem 13. Jahrhundert, bestätigt wird. Dort erscheint Taddeo Alderotto, Doktor der Medizin, und erklärt vom Katheder der Universität von Bologna herab, daß »man verrückt würde, wenn man neun Tage hintereinander Eierpflanzen esse«.[3]

Die Tauben – dies war die maßgebliche Meinung aller Ärzte – »erzeugen [nicht nur] gutes Blut und stärken auf wunderbare Weise« (Pisanelli), sondern »erwärmen [auch] die Lenden und regen so zum Beischlaf an.«[4] So erklärte es Michele Savonarola in seinem *Trattato utilissimo di molte regole, per conservare la sanità* dem »hohen Fürsten, Herrn Borso d'Este«, der ihn um ein vertrauliches Handbuch gebeten hatte, »um länger und auch ergötzlicher zu leben«.

Für die »Alten, die eine schöne Frau haben«[5] – so riet der boshafte Michele, der »sehr ausgezeichnete Physikus«, dem Herzog von Ferrara – mußten die »Trüffeln« ein Grundnahrungsmittel sein, weil sie, wie Baldassare Pisanelli, »ein Arzt aus Bologna«, glossierte, »das Sperma vermehren und die Lust zum Beischlaf steigern«[6]. Aber der erste Herzog von Ferrara – wie übrigens auch der alte Marchese Nicolò – hatte diese erregenden Beigaben aus den Knollen des Erdreichs nicht nötig.

Sanguinisch von Temperament, litt er allenfalls am entgegengesetzten Syndrom, das damals als »Hengstfohlen-Krankheit«[7] (= Priapismus, d.h. krankhafte Dauererektion, d.Ü.) bekannt war. Insbesondere für Nicolò (»diesseits und jenseits vom Po gibt's nur Kinder von Niccolò«) konnte man das wiederholen, was von Heinrich VIII., dem notorischen englischen Blaubart geschrieben wurde: »Er sah nur wenige schöne Mädchen, die er nicht begehrte, und noch weniger davon begehrte er, die er nicht auch entehrte«[8]. Es waren eben andere Zeiten. Im übrigen ist bekannt, daß der Begriff des Privateigentums (für die großen Herren) noch erfunden werden mußte.

Nichts übertraf im Reich des Federviehs die blendenden Kräfte der Spatzen, weil kein anderes Fleisch wie das ihre »zur Lüsternheit antreibt« (Savonarola). »Er ist der hitzigste von allen Vögeln, und sein Fleisch ist trocken«, merkte Castor Durante an. »Und weil er sehr hitzig ist, ist er so sehr lüstern, und deshalb überleben die Spatzen nicht ein Jahr..., sie geben gute Nahrung ab, sind dem Beischlaf förderlich... und stacheln die Begierde an.«[9] Im übrigen hatte bereits Aristoteles bemerkt, daß »er in einer Stunde dreiundachtzig Mal koitiert.« Daher sollte die »gütige Signoria« des Herzogs Borsa ruhig reichlich davon essen, oder noch besser: eine aus ihrem Gehirn ausgepreßte Latwerge einnehmen. Denn nichts war mehr angezeigt, »um den Mann potent beim Beischlaf zu machen«[10]. Und um sich besser auszudrücken, fügte er hinzu, »wer so viel Potenz [wie die Spatzen] besäße, wäre ein guter Arzt für die, die in Apulien von der lüsternen Tarantel gestochen werden.«[11]

Mit dieser niederwalzenden Beigabe konnte man den herkulischen Versuch unternehmen, die hysterischen Krisen der Frauen in Apulien erfolgreich zu heilen oder besser: zu bezähmen, die von der schwarzen Tarantel gestochen wurden. Denn man glaubte, diese trüge in ihren Adern den orgiastischen Virus der sexuellen Besessenheit.

In den gleichen Jahren, in denen der Arzt Savonarola von Padua und Ferrara mit der Niederschrift der Anweisungen an seinen Herrn befaßt war, um »desto gesünder zu leben« und »ein langes Leben zu führen«, vertraute am Hof von Forlì Caterina Sforza, jene unerschrockene und niederwalzende Virago und Zauberschülerin, ihrem geheimen Rezeptbuch eine lange Reihe von medizinisch-alchimistischen *Experimenti* an. Es enthält neben vielem anderem einen reichen Schatz an kosmetischen Präparaten, um den weiblichen Liebreiz wiedererstrahlen zu lassen. Unter den Rezepten für unzählige Salben und regenerierende Tinkturen befinden sich auch unfehlbar solche, um »die Brüste der Frauen klein und fest zu machen«[12] sowie andere zur Wiederherstellung des weiblichen Körperbaus. Daneben lehrte sie Kunstgriffe, um durch Übung abgenutzte Körperteile und Organe wiederherzustellen, sowie Geheimmittel, um die »Natur« der »verschlissenen Frau« wieder instand zu setzen. Sie sollten auch dazu dienen, »daß eine Frau oder eine Dirne welchen Alters auch immer die allernatürlichste Jungfräulichkeit zeige, so daß jedermann, wie erfahren er auch sei, das ausschließlich für jungfräulich halten wird, was wir Frauen mit: ›die Natur‹ zu benennen pflegen.«[14] Außer einer breiten Skala von »Verjüngungswässern«, von »himmlischen Verjüngungs- und Lebenswässern«, von »wunderbarem und göttlichem Wasser«, mit dem man Tote auferwecken konnte, gab sie einen Überblick über eine Reihe von Untersuchungen über »stärkende Speisen«.

Sodann verbreitete sie sich lange über die empfindlichsten Geheimnisse der Männlichkeit mit einer Neugier, die von der weiblichen Kultur ihrer Zeit weitgehend geteilt wurde. Als Frau der Renaissance wußte sie, die Mutter von Giovanni dalle Bande Nere (Giovanni de Medici, 1498-1526), ebenso wie die galanten Damen des Pierre de Bourdeille, Abt und Herr von Brantôme, daß die »Natur« der Frauen der wertvollste Schrein war, den »Frau Natur«[15] geschaffen hatte. Da es sich dabei um den wunderbaren Garten der Venus handelte, mußte sein Humus liebevoll besprengt werden, damit er üppig blühe und seine Quellen nicht austrockneten. Wie die Erde, die fruchtbare Mutter, liebevoll gepflügt sein wollte, so mußte der »gute Ackersmann«[16], der hingebungsvolle und tapfere Pflüger bzw. Liebhaber beharrlich »das Land bestellen« und durfte niemals sein Grundstück aus Fleisch austrocknen lassen, das mit taufrischen, belebenden Säften hergerichtet war.

Caterina da Forlì war sehr einfühlsam und umsichtig bei allem, was die »Natur« als auch das einzigartige und wunderbare Gerät betraf, dessen Gestalt dazu geeignet war, deren Felder zu pflügen. Insbesondere wandte sie sich den geheimen Listen zu, um »die Rute, das Glied, zu vergrößern«, d.h. um die Kunst zu vervollkommnen, seine Dimensionen auf unnatürliche Weise zu vergrößern: »modus procedendi ut addatur in longitudine et grossitudine virge ultra misuram naturalem.«[17] Man kann jenen Dingen (»de hiis«) nicht genügend Beachtung schenken, »die das männliche Glied dicker und länger machen«[18]. Das Rezept basierte im Wesentlichen auf »der getrockneten Rute des Esels«, und Caterina versicherte, daß »nämlich mit vorgenannter Salbe die Rute jeden Tag wunderbar größer wird«[19]. Caterinas Interesse war vor allem beruflicher Art. Sehr viele gedruckte Rezeptbücher (unter anderem jenes von Guglielmo da Piacenza) und Manuskripte wie zum Beispiel die *Segreti experimentati* (erprobte Geheimmittel) von Pietro Veneto waren reich an Rezepten »ad errigendum« (für die Erektion) und quollen über von sehr wirksamen Salben, »um die Frau die Liebe spüren zu lassen« oder »um Vergnügungen mit einer Frau zu haben«. Sie lehrten, wirkungsvoll »die Rute [einzureiben], bevor du mit einer Frau verkehrst«, boten aber auch Trostmittel an »für die, die nicht mit einer Frau verkehren können«.

Natürlich waren die sexologischen »Wundermittel« der großartigen Herrin von Forlì und Imola nicht darauf beschränkt, »sich in unberechenbarer Weise den Begierden des Fleisches hinzugeben« (lussuriare)[20], wie sie sich auszudrükken beliebte, oder darauf, die Proportionen und Maße des Organs anschwellen zu lassen. Die Skala ihrer Interessen war viel breiter. Diese schwarzkünstlerische Dame scheint das unfehlbare Geheimmittel gekannt zu haben, »das Glied ausziehen zu lassen«[21]. Sie kannte auch noch ein anderes, um – wie sie sich ausdrückte, »das Glied steif stehen zu lassen«[22]. Mit einer Unze Pulver vom Sandskink [scinco marino = Sandfisch = scincus scincus = Wühlechse] (wie bei Alessandro Petronio und anderen Traktateschreibern in Sachen geschlechtlicher Liebe spielt der Apothekerskink eine bedeutsame Rolle), »das mit gutem Wein vermischt wird..., wird es steif stehen, und du wirst es treiben können, so oft du willst, und die Frau wird es auf ihre Weise tun können.«[23]

Ihre feine Aufmerksamkeit auf die Probleme der Wollust der Frau, die es voller Befriedigung »auf ihre Weise wird tun können«, wenn der Reiter nicht vorzeitig aus dem Sattel fällt, ist ein klares Zeichen für das starke Verlangen der Frauen nach Liebesglück während der Renaissance. Denn in dieser Zeit (wie G. Rattray Taylor in *Sex in History* mit offenkundiger Verwunderung bemerkt hat) »lag die führende Rolle [bei diesen Bettgeschichten] eher in der Zuständigkeit der Frauen als der der Männer.«[24] Es waren die Frauen, die die Initiative *in matter of sex* ergriffen. Daher ist es kein Zufall, wenn Monsignore Giovanni della Casa sein Scherzgedicht über den

»Ofen« und die »heilige Kunst der Bäckerinnen« schrieb, beinahe um die unerschöpfliche Hitze und die unzähmbaren Flammen zu betonen, die die »Natur« der Frauen zu allen Stunden und allen Jahreszeiten unterhielt (»die Vagina ist unersättlich, denn das Feuer sagt niemals: es reicht«), wobei die sommerliche Jahreszeit unverkennbar den Vorzug erhielt, die für die Männer leider die aufreibendste und entkräftendste ist.

Der Frühling geht und macht dem Sommer Platz, der ihm nachfolgt und seine Gluten mitbringt; und wie eine Hitze die andere im Gefolge hat, so verdoppelt die Frau folgerichtig die ihrige; es gibt keine größere Abkühlung für sie als ein brünstiges Bad mit Venussperma.[25]

Auch wenn die schönen, butterzarten, aufgeputzten »galanten Damen« mit ihren üppigen Formen jeden Tag in klarsten und frischesten Quellgewässern badeten und sich »im hellen Licht der Sonne« betrachteten,

geraten sie, wie sie sich so schön, weiß, mollig, geputzt und wohlgestalt sehen, plötzlich in Brunst und Versuchung; dann heißt es zum Männchen gehen, oder sie müssen bei lebendigem Leibe verbrennen...[26]

Wenn sie sich am Morgen erheben, mit der vom Feuer der Nacht erhitzten »Natur«, das die ganze Nacht über nie ausging, mit der von wohlschmeckenden Säften versüßten feuchten Feige, erwarten sie, von ihren hauchdünnen Hemden entblößt, ihre Liebhaber. Und wenn sie zufällig in diesem Augenblick kommen, werden sie sogleich umfaßt und umarmt.

»Dann gibt's«, sagen sie, »die höchste Umarmung und den größten Genuß, den keine andere Tagesstunde gewährt«; »weil dann«, sagte einmal eine Große, »die Scheide wegen der milden Wärme und des Feuers der Nacht, in denen ihr Saft kochte, ordentlich eingemacht und viel schöner und schmackhafter ist.«[27]

In den überschäumenden Sommermonaten griffen die schönen Damen eher auf nahrhafte »gute Speisen« zurück (es waren die Zeiten der üppigen Venus), als im Rezeptbuch Rat für erfrischende Speisen einzuholen.

... wenn es manche Früchte gibt, die erfrischen können, so gibt es eine große Menge anderer, die ebenso erhitzen; zu diesen aber greifen die Frauen am häufigsten, wie zu verschiedenen Kräutern, die in Blüte stehen und zu ihren Suppen und Salaten gut schmecken, als: Spargel, Artischocken, Morcheln, Trüffeln, Rüßlinge und Herrenpilze, ferner die neuen Speisen, die ihre Köche auf ihre Anweisung sehr gut herzurichten und lecker und gut zuzubereiten wissen und die ihnen auch die Ärzte tüchtig verordnen.[28]

»Da sie häufig die Brunst überkam«, waren sie mit all ihrem Wissen darauf bedacht, »en tirer la suave substance de leur corps«, das nahrhafte Mark aus dem Blut des Mannes herauszuziehen – »ce beau sperme« (dieses schöne Sperma). Nachdem eine dieser Damen die ersten Früchte der Liebe genossen hatte, wurde sie

so geil danach..., daß sie [ihren Geliebten] einen ganzen Monat in ihrem Kabinett behielt und ihn mit Erfrischungen, mit leckeren Kraftsuppen, mit köstlichen und die Kraft wieder ersetzendem Fleisch nährte, um seine Destillierblase besser in Tätigkeit zu setzen und seinen Stoff herauszupumpen.[29]

Bei diesen Hautevolee-Damen war das Organ immer zugänglich. Denn wie schon Johannes Chrysostomos sagte, »entsteht das Laster der Begierde leicht durch freie Zeit und Müßiggang. Denn die Liebe ist definitionsgemäß das Leiden an einem untätigen Geist.« Und bereits Ovid hatte geschrieben, »wenn man den Müßiggang wegnimmt, gehen die Triumphbogen der Begierde unter.« Die Armut dagegen konnte das Wohlergehen der lasterhaften Künste nicht befördern. Und der heilige Bernhard hatte gedankenvoll geäußert:

Es rollt die Quadriga der Laster, als da sind: die Völlerei, die Lust zum Beischlaf, der Kleiderprunk und die Lähmung durch Müßiggang und Trägheit. Sie wird gleichermaßen von zwei Pferden gezogen: durch Wohlergehen im Leben und durch Überfluß an Dingen. Und diesen gehen zwei weitere voraus: das müßiggängerische Vor-Sich-Hinbrüten und die trügerische Sorglosigkeit.

Das Bild der Quadriga, das der heilige Bernhard aufgebracht hatte, wurde noch manche Jahrhunderte lang benutzt und war auf die gemünzt, die bequem und faul die Reise ins Reich der Venus antreten konnten. Denn »dieses Übel«, schrieb Michelangelo Biondo (1497-1565), indem er an das alte ikonographische Repertoire anknüpfte, »entsteht durch Müßiggang und geringe Anstrengung..., und manche malen die Ausschweifung als auf einem Wagen sitzend, der von vier Rössern gezogen wird.«[30]

Das erste Pferd heißt man »Laster der Kehle«; das zweite nennt man »Beischlaf und Begierde«; zum dritten sagt man »köstliche und weiche Kleidung«; das vierte liegt vor aller Augen: »Müßiggang und Trägheit« und ist wie eine gewisse Art von Ausschweifung.[31]

Schuld sind also Reichtum, Wohlstand und Müßiggang, aber auch eine Begierde, die mit »Natur« bezeichnet wird. Diese »hat dem weiblichen Geschlecht das Organ der Empfängnis gegeben, und diesem Organ hat sie eine besondere Fähigkeit gegeben, nämlich daß man sich immer an der menschlichen Begattung ergötzen muß. Und weiterhin beschenkte die Natur das weibliche Geschlecht mit einem Überschuß an wunderbarer und unvergleichlicher Begierde nach Unzucht. Daher geht der Bauch einer Frau, der eine solche Gabe besitzt, immer mit unkeuschen Betrügereien schwanger...«.[32]

Diesem Ruf der Natur entzog sich keine, weder arme noch reiche, weder müßiggehende noch arbeitsame. Alle, auch die armen Frauen vom Gebirge sind vom Scheitel bis zur Sohle befleckt:

Aber wie die Natur sie alle
Aus reiner Erde machte, so gehen sie dahin,
Von Kopf bis Fuß geschmückt,
Und haben so seltne Schönheit im Gesicht,
Daß sie Amor zum Seufzen bringen und gesenkten Hauptes
In Trauer einhergehen lassen und so Unzucht treiben.[33]

Die Armut und die sehr karge Diät (»wie dem Pferd und dem Rind Heu und Stroh zusteht, so ist ihnen das harte Brot eigen, und glücklich ist der, der den Leib davon voll hat«)[34] konnten die »Naturgesetze« nicht aufheben, sondern machten sie nur freier und ungezwungener:

Sie alle gehen durch die Hand des Schafhirten
Und treiben es hinter diesen Hecken
Ohne die Hilfe geldgieriger Kuppler.
Um Ehrenkodexe schlägt man sich nicht
Und man befolgt die Gesetze der Natur,
Die alle gemachten Dinge gemein hat.
Auf Liebesneid nimmt man keine Rücksicht,
Noch hält man sich mit dem guten Benehmen auf.
Denn das Vergnügen wiegt man nicht und mißt man nicht.[35]

Das flache Land und das Gebirge galten als Freizone, wo die gewöhnlichen Gesetze, die die städtische Gesellschaft leiteten, jeden Wert verloren; sie galten als Reich der Zügellosigkeit und der tierischen Bestialität. Sie wurden als eine von der Stadt getrennte Welt betrachtet, die von rohen und tierischen Menschen bevölkert ist. Diese kannten den »ritterlichen Liebesdienst«[36] nicht, sondern »machen sich naturhaft wie ein Pferd oder ein Maultier an einen tierischen Akt, wie es ein natürlicher Verkehr beweist«[37]. Es lohnte sich nicht, sie zu veredeln und noch weniger, »sie im Fach Liebe zu belehren«[38]. »Also genüge ihnen die ständige Mühsal, die Felder zu bearbeiten, und die Trostmittel der Hacke und der Marone... Denn wenn sie sich auf die Liebesakte verstünden, könnten die Felder und die Weinberge aus Mangel an Arbeitskräften nicht mit Früchten aufwarten.«[39] Die Gesetze *de amore rusticorum* (der Liebe bei den Bauern) konnten also starke Abweichungen aufweisen, wenn Ritter oder Städter aus einer Laune heraus »deren Frauen« hätten lieben wollen. Ein wenig Gewalt war notwendig, um ihre »wilde Scham« zu brechen:

Wenn du einen geeigneten Ort findest, zögere nicht zu nehmen, was du willst, und umarme sie recht mit Gewalt. Denn niemals wirst du ihre Härte so sehr abmildern können, daß sie dir ruhig zugesteht, was du verlangst. Auch werden sie nicht darunter leiden, daß du die erwünschten Vergnügungen nimmst, wenn ein wenig Gewalt wirksam ist, womit du ihre wilde Scham brichst.[40]

Der Bauch der Frau war ein »fauliger« und »höchst tödlicher Sumpf«[41], »ein bodenloser Abgrund«[42] er ging »schwanger mit Listen und Lüsten«[43]; er verbarg ein »Tier, das *die Mutter* hieß, wo sich das halbgare Blut ansammelt«. Dies ist »jenes Glied, das nie gesättigt ist..., dies ist jenes Glied, das nie satt ist.«[44] »Es ist ein kirkenhafter Zauber, bestimmt zum Dienst an der Zeugung«, der – Giordano Bruno zufolge – »in Gestalt von Schönheit dazu betrügt«. Sie reizt die »lüsterne Liebe, die verbindet und vermischt / die ermüdeten und zugleich unzüchtigen Glieder« (T. Tasso). Dennoch variierte die Skala der Unzucht erheblich von Frau zu Frau. Dies anerkannte der astrologische Mediziner und Kenner der »verborgensten Eigenschaften« der Frauen, Michelangelo Biondo, in einer Schmäh- und Streitschrift mit dem erschreckten und theatralischen Titel gegen die »unzähligen Unkeuschheiten unserer Tage«[45] *(Angoscia doglia e pena. Le tre furie del mondo)* (Angst, List und Leid. Die drei Furien der Welt).

Bei den Frauen gibt es einen großen Unterschied in der Unzucht. Denn wenn ihr wissen wollt, welche Frau unzüchtiger ist, schaut auf die Glieder und ihre Umrisse; denn die dünne und sehnige ist im Vergleich zur korpulenten und dicken viel unzüchtiger. Dennoch ist jede Frau, insofern sie Frau ist, wie die Reitstute, die mehr als jedes andere Tier dieses Geschlechts die fleischliche Vereinigung begehrt.[46]

Die Renaissance hatte für die weibliche Schönheit das Korpulente, Rundliche und Üppige im Kanon als die ästhetischen Werte der Weiblichkeit und der Verführung festgelegt. Und doch scheint auch sie sich nicht allzusehr von der spätmittelalterlichen Typologie der zu Ausschweifungen neigenden Frau zu entfernen, die sich ganz unterscheidet von der klaren Ruhe der üppigen Venus. Michelangelo Biondo wiederholt in seiner raschen Skizze des zur »fleischlichen Vereinigung« geneigten Temperaments die Unterscheidungsmerkmale, die im 13. Jahrhundert der berühmte Magier Michael Scotus in *De secretis naturae* (Die Naturgeheimnisse) herausgestellt hatte: ein flinker und sehniger Körper und (ein von Biondo verschwiegenes Detail) krause, kurze und kräftige Haare (»capilli crespi et curti«) über einer schlanken, im Fleisch eher trockenen als fetten und saftigen Figur (»tecta in hasta, macra in carne, plusquam crassa ebriosa«) mit kräftigem und grobem Haar (»cuius pili sunt grossi et asperi«).[47]

Es ist eigenartig, daß das Detail der krausen und kurzen Haare – eines der Erkennungsmale für das zu brünstigen Ausschweifungen neigende Temperament – in der Ikonologie des späten 16. Jahrhunderts weiterbesteht. Als Cesare Ripa (seine Abhandlung über »symbolische Ideen« und über »Metaphorik der Dinge« kommt 1593 in Rom heraus) das Sinnbild für die Unzucht umreißen will, skizziert er folgendes Bild:

> eine Frau mit *lockigen* und künstlich hergerichteten *Haaren.* Sie ist beinahe nackt, doch das Tuch, das ihre Körperteile bedeckt, ist mehrfarbig und macht dem Auge Laune. Sie sitzt auf einem Krokodil und liebkost ein Rebhuhn, das sie in der Hand hält.[48]

Um die Begierde darzustellen, empfiehlt der alte Seneschall aus Perugia folgendes Bild:

> eine schöne Frau mit weißem Gesicht und kräftigen, schwarzen, toupierten und an den Schläfen dichten Haaren, mit großen, leuchtenden

und lüsternen Augen. Diese Merkmale verweisen auf reichliche Versorgung mit Blut, das bei guter Temperatur Ursache von Begierde ist. Die Stupsnase ist das gleiche Merkmal wegen des Zeichens des Ziegenbocks, eines sehr begehrlichen Tieres, wie Aristoteles in *De fisionomia* (Der Gesichtsausdruck) im neunundsechzigsten Kapitel sagte. Sie hat auf dem Kopf eine Girlande aus Efeu, ist unzüchtig aufgeputzt und trägt eine Schärpe aus Leopardenfell. Neben ihr auf der Erde sitzt ein Panther...[49].

Die junge Frau »mit den lockigen Haaren« – Symbol fleischlicher Begierde – »sitzt auf einem Krokodil, weil die Ägypter sagten, daß das Krokodil Zeichen der Unzucht ist, weil es sehr fruchtbar ist und viele Junge zeugt. Und wie Pierio Valeriano berichtet, ist es von so ansteckender Begierlichkeit, daß man glaubt, die Zähne seiner rechten Kinnlade, die mit der rechten Vorderpranke verbunden sind, würden zur Unzucht an- und aufreizen. Man lese auch nach, was die magischen Schriftsteller und auch Dioskurides sowie Plinius geschrieben haben: Wenn man die Schnauze des Landkrokodils, das von einigen Skink genannt wird, und die Tatzen in Weißwein legt und so trinkt, entflammen sie sehr die Lüsternheit.«[50]

Die Liebkosungen, die die Frau dem Rebhuhn zukommen läßt, finden ihre Rechtfertigung in dem Glauben, daß »nichts geeigneter und näherliegender ist, um eine sehr unmäßige Begierde und eine äußerst zügellose Unzüchtigkeit darzustellen, als das Rebhuhn. Denn dieses wird recht oft von solcher Brunft zur Paarung getrieben und ist von solch maßloser Begierde entzündet, daß manchmal das Männchen das Ei zerbricht, das das Weibchen ausbrütet. Dieses aber wird während des Brütens davon abgehalten und daran gehindert, sich mit ihm zu vereinigen.«[51]

Als Variante bei den Symbolen mangelnder Enthaltsamkeit schlug Ripa folgendes vor: »Eine unzüchtig aufgeputzte Frau, die mit dem linken Ellenbogen aufgestützt dasitzt und in der rechten Hand einen Skorpion hält; daneben ist ein in Brunft entbrannter Ziegenbock und eine Rebe mit einigen Weintrauben.«[52] Im Bestiarium der die Geschlechtlichkeit typisierenden Tiere ist neben den Rebhühnern und den Spatzen, den Panthern und den Leoparden, dem Widder und dem Krokodil auch der Skorpion angesiedelt. »Denn die Schamteile des menschlichen Körpers werden von den Astrologen dem Skorpion zugeordnet.«[53]

Im Wald der Symbole sticht unter den »Geheimmitteln von Venus«[54] neben der Rauke (oder schamlosen Rauke) und dem Efeu die Rebe hervor. Sie ist Emblem nicht nur für unerschöpfliche Lebenskraft und für unbändigen, Auftrieb verschaffenden Elan, sondern auch für ungestüme Lebenslust sowie Sinnbild für geschlechtliche Vereinigung. »Denn man sagt, die Reben seien ausschweifend, da sie kräftig wachsen und wie die liebesblinden Menschen sind, die nie zur Ruhe kommen.«[55]

Die ins Bild gesetzte Frau von »sommerlicher Mattigkeit« bot sich mager und kraftlos wegen natürlicher Erschöpfung dar und »zeigte ihren Busen entblößt« (eher aus klimatischen Gründen als wegen der bezaubernden Verlockung).[56] Es ist eher ein Spiegel für »Mattigkeit« als für heiße, stürmische Sonnwendgelüste, ein Umkehrspiegel zu den galanten Damen von Brantôme, die von übermäßigen Brünsten des heißen Sommers, von der übermäßigen Hitze der »völlig männlichen« Sonne entbrannt sind, »die reine Form und bewegender Grund ist«. Sie ist auf der Erde tätig, ein feuchter und sinnlicher Organismus, der »nur als Stoff und Leidenschaft betrachtet werden kann, und daher Frau genannt wird.«[57]

Als Destillateurin vitaler Substanzen bereitete Caterina da Forlì neben anderen pharmakologischen Wundermitteln auch eine »Latwerge, um lüstern zu machen«[58] zu. Dabei wurde zu einem Kilo Honig (der »vor dem Verderben schützt«[59] und »sich rasch in Blut verwandelt«) Skinke, geschälte Pinienkerne, Zimt, Kalmuswurzeln und Hanfsamen gegeben. Da sie eine erfahrene Destillateurin war, hatte sie das richtige Rezept ausgetüftelt, »um das Glied die ganze Nacht steif stehen zu lassen«. Wenn man das balsamische Elixier getrunken hatte, wurde die erstaunliche Flüssigkeit rasch wirksam. Und sie ermunterte: »Geh zu Bett mit der Frau, und du wirst sehen, daß es steif steht, und du wirst es treiben können, so oft es dir gefällt, und du wirst feiern können.«[60]

Aber die gebildete und unerschrockene »Dame von Forlì«, die Beziehungen zu Apothekern und Drogisten in der Romagna und der Toskana unterhielt und sich mit ihnen in ihrer Arbeit und ihrem Wissen austauschte, hatte auch – wie eine Dorfhexe – Erfahrung in magisch-pharmakologischen empfängnisverhütenden Praktiken. Außerdem kannte sie sich mit jenen Geheimmitteln aus, die schwanger werden ließen, sowie mit den Zaubertränken gegen die Liebeskrankheiten. Ihr Hof war offen für Scharlatane, Kräutersammler, Apotheker, Hebammen und *mulierculae* (Weibchen) vom Land, beispielhaft für die enge, klassenübergreifende Zusammenarbeit zwischen Volkskultur und aristokratischem Wissen. In ihrem geheimen Rezeptbuch hatte sie eine ganze Reihe von alchimistischen Wundermitteln und pharmazeutischen Kniffen gesammelt, die nicht nur den Doktor Faustus, sondern auch den anspruchsvollsten Erotologen neidisch gemacht hätten. Sie beschränkte sich nicht darauf, Waffen zu schmieden, um »gegen das natürliche Gebrechen bei irgendeinem Mann oder einer Person, die mit einer Frau zu verkehren nicht imstande sind«[61], zu kämpfen. Sie ersann auch wirksame Rezepte, um die darniederliegenden Energien anzuregen und die eingebüßten Fähigkeiten wiederherzustellen und wiederaufzubauen. So überwachte sie die Brennkolben und schwitzte über den Kesseln, um Rezepte zu erfinden, die die weibliche Begierde noch mehr anregten. Sie blies in jene nie erlöschte Asche und fachte das Feuer unter jenem warmen Topf an, der (wenn wir Brantôme und anderen zeitgenössischen Zeugnissen glauben dürfen) nie ausging, sondern immer überhitzt und warme Körpersäfte absondernd, ständig am Sieden, dauernd »en chaleur vénérique« (in geschlechtlicher Glut) war.

»Man nehme die Hoden vom Hirsch oder die Spitze der Lunte vom Fuchs und die Hoden vom Glied, das entflammt die Begierde der Frau.«[62] »Auch wenn die Rute des Mannes«, empfahl diese außergewöhnliche Salbenherstellerin, die für ihre Unerschrockenheit und ihre heftigen Begierden bekannt war, »mit Galle vom Eber und vom Wildschwein eingerieben wird, erregt dies sogleich bei den Frauen die ergötzliche Lüsternheit.« Oder sie hatte ein Rezept für beide Geschlechter: »Der Leinsamen, der mit Pfeffer vermischt in Wein zu trinken gegeben wird, entzündet die Begierde.« Oder auch folgendes: »Nimm zerstoßenen Brennesselsamen, mische ihn mit Pfeffer und Honig und trinke dies in Wein, das erregt alles.«[63]

Die kostbare »Ehre«, die die Frauen – wie Brantôme schrieb – »zwischen den Beinen« trugen, mußte, »wenn die Natur sie gut und barmherzig macht«, angemessen verehrt werden. Diese Natur war durstig nach flüssigen Säften, Lebenswassern, befruchtenden Regenströmen und ebenso wie die Erde nach Samen der Unsterblichkeit. Sie ist wie »die Natur eines guten Gartens, der sich nicht mit dem Wasser vom Himmel begnügt, sondern auch noch welches vom Gärtner haben will, wenn er fruchtbar sein soll.«

Von einer anderen Dame wurde mir berichtet, die sich über ihren Gatten beklagte, daß er sie nicht gut behandle und ihr voll Eifersucht nachspioniere; er ahnte nämlich, daß sie ihm Hörner aufsetze. »Aber er ist gut!« sagte sie zu ihrem Freund. »Er meint, sein Feuer gliche dem meinigen, denn ich lösche ihm seines in einem Nu aus, mit vier oder fünf Tropfen Wasser; das meine aber, dessen Schmelzofen eine ganz andere Tiefe hat, bedarf mehrerer: wir sind nämlich wie Wassersüchtige oder wie Sandgruben, je mehr sie Wasser verschlucken, desto mehr wollen sie haben.«

Noch treffender sagte eine andere Dame, ihr L... hätte die Natur von Hennen, die den Pips bekommen und daran sterben, wenn es ihnen an Wasser fehlt und sie nicht trinken können. Genauso bekäme ihre Scheide den Pips und stürbe daran, wenn man ihr nicht oft zu trinken gäbe; es muß aber ein anderes als Brunnenwasser sein.[64]

Aber wenn das »Land der Hahnreie«, das in Italien allgemein unter den Namen *Corneto** bekannt war, dicht mit betrogenen Ehemännern bevölkert war, so bespülte der Liebesneid viel schwächer die Insel der Frauen. Die verheiratete Herrin von Imola und Forlì bereitet eine ganze Reihe von praktischen Arzneien zu, die sich eher für die männliche Krankheit als für die weibliche Hysterie (tarantola) eigneten. Sie dienten dazu, »daß eine Frau sich von keinem anderen außer dir berühren lasse. Eine sehr wunderbare und wahrhaft oft erprobte Sache.«[65] Dem Eifersüchtigen riet sie: »Nimm den vierundzwanzigsten Teil einer Unze Zibet, den vierundzwanzigsten Teil einer Unze Moschus, mach es hauchdünn und rühre das alles mit grünem Ingwersirup an; salbe dann die Eichel des Gliedes und verkehre mit einer Frau.«[66] Und da sie uns versichert, daß die Salbung perfekt funktioniert hat (»eine sehr wunderbare und wahrhaft oft erprobte Sache«)[67], gibt es keinen Grund, an dem Wort der Edelfrau zu zweifeln. Dennoch hatte sie noch eine weitere Salbe für jenen Eifersüchtigen in Reserve, der sich in den Kopf gesetzt hatte, »daß sich eine Frau nur von ihm

* Die Ortschaft Corneto, heute Tarquini; die Wendung »nach Corneto gehen« ist ein altes volkstümliches Wortspiel: nach Corneto gehen heißt »gehörnt werden«; ähnlich wird in England das »Hahnrei-Land« mit *Corn*wall identifiziert. (A.d.Ü.)

berühren lasse«[68]. »Nimm«, schrieb ihr das Rezept vor, »frische Korianderkörner und mach daraus einen Saft, indem du sie gut zerstampfst und auspreßt. Mach daraus eine Soße und reibe mit dieser Soße die Eichel des Gliedes ein, verkehre dann mit der Frau, und du wirst die Wirkung sehen.«[69]

Zu diesen Heilmitteln, die der trivialen Sphäre der sexuellen Mechanik angehören, gesellte sich ein anderes, noch delikateres, das nicht nur dazu dienen sollte, das Gespenst des Betrugs auszutreiben, sondern vor allem das Gefühl der Frau mit Beschlag zu belegen: das Herz, nicht nur die »Natur«. Aber – die damalige Zeit wiederspiegelnd – galt dies immer nur, nachdem man sie besessen hatte, nicht vorher. Als »romantische« Variante der üblichen Potenz verschaffenden Salbung sollte dieser alchimistische Zauber das Wunder der Treue verwirklichen, durch ein äußerlich anzuwendendes Mittel bewirkt. Es sollte das unglaubliche Unternehmen glücken, »daß eine Frau sich von keinem anderen außer dir berühren lasse, noch jemals andere begehre, und wenn du sie dir zugeneigt machen wolltest, würde sie dir ihr Herz schenken.«[70] Die ganze gefühlsmäßige Rücksicht ist in der Anweisung beschlossen, sich das Glied ohne Wissen der Partnerin einzureiben, so daß die Frau es nicht weiß. Danach, so ermahnte die prächtige Dame, »verkehre mit ihr«[71].

Es handelt sich also um künstliche Eingriffe auf zwei Ebenen: auf der ersten ist es rein fleischlicher Genuß, eine Liebe ohne Geschichten, die ohne Vergeudung unnötiger Energien, ohne das Kapital der Affekte anzugreifen, vollzogen werden kann. Auf der zweiten wird dagegen die Hingabe nicht nur des Körpers, sondern auch des Herzens vorausgesetzt. Freilich stand immer an erster Stelle und jeder möglichen Entwicklung vorausgehend der Genuß und das Vergnügen des Fleisches.

Das körperliche Verlangen war so stark, daß man in nicht

wenigen Fällen zu Mitteln greifen mußte, die die »Kraft der Sinnlichkeit«[72] abschwächten oder geradezu auslöschten. Zahlreich waren die abschwächenden Arzneien, die Caterina »gegen die Brunst, die Begierde und die Sinnlichkeit« vorschrieb. Der »Schierling, mit dem die Hoden eingerieben werden, nimmt die Begierde völlig weg.« Wenn die »Wurzel der Bachminze dreißig Tage lang mit Wasser getrunken wird, vermindert sie die Begierde.« »Wenn die Rute mit Öl, in dem Kampfer aufgelöst ist, eingerieben wird, kann sich die Rute nicht aufrichten.«[73] »Wenn man das Mehl von Ackerbohnen auf die Lenden-Leiste streut, beseitigt es die Begierde und läßt die Haare nicht wachsen und läßt die Hoden nicht herabhängen...«[74] Der starke sexuelle Druck – das war weit verbreitete Meinung – wurde von Antonius Guainerius und anderen hervorragenden naturwissenschaftlichen Ärzten der »hohen Temperatur der Hoden«[75] zur Last gelegt. Um sie unter Kontrolle zu halten, war es nötig, ihr Herabhängen zu verhindern. Das Zeitalter des Condottiere Colleoni, dem man in Italien sprachspielerisch [Colleoni/coglione = Hode] nachsagt, er habe drei Hoden gehabt, hatte Probleme bezüglich des richtigen Sitzes der »Perpendikel«, die heute glänzend gelöst sind.

Raserei und Begierde, Brunst und Zügellosigkeit und eine unkontrollierbare brisante sexuelle Energie trieb die vormoderne Gesellschaft um, die im geilen Hirsch (die Rute und das Geweih dieses umstrittenen Vierfüßlers wurden für starke erotische Beigaben gehalten) und im Affen ihre heraldischen Embleme gefunden hatte. Sie waren die im Bestiarium versinnbildlichte Umsetzung ihrer unerschöpflichen Brunst.

Ein Chronist aus der Romagna erzählt in den Jahren von Caterina Sforza folgendes:

> Der Herr Hofmeister Opizo hatte Francesca de li Alidosi da Castello, eine Schwester von Herrn Zoan Satello Cagnazo, eine schöne und

sehr stattliche Frau und sehr vortreffliche Tänzerin, die heiter und anmutig war. Und er hatte zwei Affen, von denen der größere mit dem kleineren koitierte, und sie trieben tausend Akte und Artigkeiten. Und er hatte einen schönen und großen jungen Hirschen; wenn der eine Frau oder eine als Frau verkleidete Maske sah, richtete er sich sofort auf, ließ das Glied vorschnellen und wollte sie von hinten besteigen wie ein sehr geiles Tier.[76]

Die gleichen unkeuschen Dämonen, die das Blut der adligen Gesellschaft trübten, beherrschten auch das Fleisch der Handwerkerschaft.

Meister Francesco aus Imola, Meister Rabe in Cesena, hatte eine wohlgestaltete und korpulente Frau, von der er, da er unten einen Bruch hatte, nur Töchter hatte. Und da er sich kastrieren und sich alle beiden Hoden herausnehmen ließ, weinte und klagte sie zusammen mit den anderen Frauen, denn sie war noch jung. Und als sie von ihm 4 Söhne hatte, sagte sie, er sei so geil und wild, daß er sie nicht mehr als Hausfrau halten könne, weil sie es nicht mehr wollte.[77]

Wie es dieser bruchleidende und dazuhin kastrierte Mann fertigbrachte, vier Mal seine Frau zu schwängern, ist ein schwer zu lösendes Rätsel. Auch wenn es »sich bei dem Stoff um unschickliches und schändliches Stroh handelt« – wie sich der Autor von *Il mirabile cornucopia consolatorio* (Das wunderbare Füllhorn des Trostes) gesagt hätte – ist anzunehmen, daß dieser aus Forum *Corn*elii [= Imola] gebürtige Meister Rabe häufig Reisen, wenn nicht nach *Corn*wall, dann in die achtbare Stadt *Corn*eto (vgl. die Anm. S. 55) gemacht hat.

Wer über diese heiteren Fragen besser informiert werden will, kann sich immer noch an *Il convito, overo del peso della moglie* (Rom 1554) (Das Gastmahl oder die Last der Ehefrau) wenden. Das »Geheimnis des Beischlafs«, wie Bartolomeo Boldo sagte, blieb ein beinahe unauslotbares Wunder.

Aber die Macht der Frauen war so verästelt und weitläufig,

daß man schließlich selbst in Fällen, die nach kirchlichem und weltlichem Recht unzulässig waren, das eheliche Band zerstören konnte.

Meister Mino Grisendo [etwa: Klein-Graumaus], ein reicher und aus adligem Haus stammender Doktor aus Bologna, hatte zur Frau Katarina de li Ingrati [etwa: von Undankbar; diese Namen scheinen von einem ironisierenden Romanschriftsteller ausgesucht worden zu sein, gehören aber dem gewöhnlichen ehelichen Narrentum des 15. und 16. Jahrhunderts an]. Da er sie nicht auf ihre Weise beschlafen konnte, verstieß sie ihn, und sie trennten die Ehe. Und sie nahm zum Manne Filippo de la Croce, der jung, kräftig und nicht hinfällig war und sie sehr gut behandelte.[78]

Obwohl man freizügig, äußerst permissiv, voller Achtung vor den Rechten der »Natur« und tolerant im Gebrauch und Mißbrauch der hitzigen »Büchse« (potta) war, wurde die (allerdings weit verbreitete) Praxis gegen die »Natur« hart mit den Flammen bestraft, auch wenn sie strenggenommen nicht in den Bereich des verabscheuungswürdigen Lasters der Sodomie *inter mares* (d.h. der männlichen Homosexualität) fiel. Dennoch ließ der mehr formale als substantielle Respekt vor dem Gesetz damals wie heute beträchtliche Ausnahmen zu, wenn irgendein Mächtiger eingriff. Dies war der Fall bei einem mit dem Spitznamen Sbroglia und mit dem bürgerlichen Namen Herr Jacomo de li Ambroni aus Cesena, der vom »natürlichen Gefäß« gelangweilt war.

Er verkehrte mit einer Frau wider die Natur und beleidigte so schwer ihr Geschlecht. Er wurde zum Feuertod verurteilt, aber auf Vermittlung der Dame von Forlì und der Herzogin von Ferrara, die die Sache genau erkunden und in Erfahrung bringen wollten, wurde er – nicht ohne großes Lachen und Vergnügen – begnadigt und von dem sehr schändlichen Akt freigesprochen.[79]

Das Eingreifen von Caterina Sforza, die zusammen mit der Herzogin von Ferrara genau darüber informiert werden wollte und sich sehr daran belustigte (ihr Interesse war auch beruflicher Art), führte den Vorfall einer überlegteren und gemäßigteren Bewertung des verbrecherischen und schändlichen Aktes zu.

In abgelegenen Einsiedeleien dagegen benutzten gewisse unenthaltsame Einsiedler, die vom Fasten und der Einsamkeit allzu ausgemergelt waren, in der Zeit von Caterina mit größerer Diskretion und größerem Takt ausgefeilte Fallen einer geradezu erotischen Ingenieurskunst. Dadurch wollten sie – wie hinterhältige und listige Spinnen, die schlimmer als die Taranteln sind – die unbewachten Frauen, eine leichte Beute ihrer wollüstigen Jagden und naive Opfer ihrer giftigen Bisse, einwickeln und stechen. Unter anderem haben wir Kenntnis von einem

> unkeuschen Einsiedler..., der im Gebirge hinter Cesena hauste und den Frauen aus einem Fenster heraus die Beichte abnahm. Dieses verband die Falle mit einer Falltür, die er von oben herabließ. Danach kam er von hinten und fickte die Frau recht ordentlich.[80]

Aber wie man weiß, hatten die Einsiedler eine erprobte Tradition als Initiatoren der Geschlechtlichkeit und eine unwiderstehliche Neigung selbst zur betrügerischen Aggression, wie zum Beispiel der Einsiedler bei Ariost. Nicht alle diese Frauen hatten das Glück, das Alibech widerfuhr, die auf den richtigen Einsiedler stieß.

# 4

# Der Schatz der Keuschheit

Recht wenig taugten die Ermahnungen, die Predigten und Traktate über die Keuschheit, wie etwa der, den Francesco Rappi, der »unnütze Knecht Gottes« (wie er sich selbst bezeichnete) verfaßt hatte. Er hatte ihn 1515 geschrieben »zum Tadel und in Abscheu derer, die sagen, es sei nicht möglich, Enthaltsamkeit zu üben.« Die »drei heiligen Heilmittel der Keuschheit gegen die Unzucht« und der starke »Abscheu vor der Begierde« scheinen – auch bei der erklärten Zwecklosigkeit seiner Anwesenheit unter den Lebenden – die Form von Predigten in den Wind, von schlichten rituellen Kämpfen, von allegorischen Konflikten wie die mythischen zwischen Karneval und Fasten oder Sommer und Winter anzunehmen.

Keuschheit, Jungfräulichkeit, Schamhaftigkeit und Enthaltsamkeit erscheinen als abstrakte Personifikationen irrealer Wesen in spätmittelalterlicher Manier, als gespensterhafte Schatten, die sich halt- und gewichtslos in einer blutbefleckten Welt des Fleisches herumtreiben, die von den stürmischen Winden des geschlechtlichen Exzesses zerstört ist. Diese Vorstellungen schlagen sich nieder in den Litaneien »der geistlichen Heilmittel« und sogar in den Gebeten, »um die Keuschheit zu erflehen« (der »Gebetstypus, mit dem die Versuchungen des Fleisches zurückgewiesen und die Keuschheit erfleht werden soll«), den Psalmen, den Stoßgebeten, den Bittgebeten wie etwa dem, das der Selige Ambrosius an den »König der Tugend, den Liebhaber der Keuschheit und Reinheit«[1] richtete, damit er mit dem Tau des himmlischen Segens »... jeden Zündstoff brennenden Begehrens im Leibe« auslösche und »in den Gliedern meines fleischlichen Körpers alle Anreize und lüsternen Erregungen«[2] abtöte. Sie scheinen der Sphäre der vergeblichen und irrealen Exorzismen, der brüchigen Wände gegen die unbesiegbaren Phantome des Fleisches anzugehören – jenen Despoten und Herren aller, die »im Fleisch wandeln«. Die Nonnen waren miteinbegriffen, die der Gewalt und der Schändung des »Tiermenschen« ausgesetzt waren. Diese wurde an »geheiligtem Ort«[3] mit einer »Gott geweihten Person« begangen, »die befleckt und besudelt, da sie gegen den Willen des Herrn entehrt und verdorben worden ist«[4] – wenn nicht in Wirklichkeit gegen ihren eigenen Willen. »Welch brutale Begierde muß vorhanden sein, wenn man sich anmaßt, die Braut seines Herrn in seiner Gegenwart zu entehren.«

Aber Vergewaltigung war nicht der schlimmste Feind der himmlischen Bräute. Größere Gefahr verbarg sich – den Freigeistern zufolge – im »Feuer ihrer gewaltsam eingekerkerten Begierde«[5], die die »tierischen Naturen« zu jeder Art von Exzeß trieb. Diese wurden in erster Linie durch die »Zudringlichkeiten der Väter (entehrt), die die Töchter gewaltsam in den Klöstern begraben.«[6] Eine Nonne zu lieben war so, als verfiele man einer »ansteckenden Krankheit, die besudelt und verwirrt«[7]. Es war, als gerate man in eine schmutzige und peinigende Spirale, die von einem perversen und ungesunden Verlangen angetrieben wird; es war eine Kette von Qualen, von liederlichen Kadavern geschmiedet. Diese verwendeten ihre geschickten Hände für flüchtiges, unbefriedigendes geschlechtliches Zierwerk, das die Begierden der Männer zugleich erregte und abwürgte.

Mit allen Vergnügungen gehen sie freizügig um, soweit es ihnen ihr Ort erlaubt, und sie rühmen sich, die Männer zu verführen. Daher halten sie es für den Höhepunkt der Freuden, wenn sie eine Hand von ihnen betasten, einen Arm ergreifen können, woran sie meistenteils durch dazwischengelegte Eisen gehindert werden, oder wenn sie zuweilen jene Karte aufdecken können, auf die der Liebende gern alles, was er hat, setzt. Und so bemerken sie nicht, wie leicht sie sich verwandelt und schließlich nur die Begierde steigert. Wenn die Gespräche dem Zugeständnis Platz machen, in das die übliche Schaustellung einmündet, rührt sich die Geliebte nicht weniger als der Mann mit Händen und Fingern. So sind die anmutigsten Verzauberungen, die diese Liebe kennt, und die liebreichsten Kunststücke, die ihre Zärtlichkeiten ausmachen, beschaffen.[8]

Das Auge, die Finger, die Hände, die Sprache... es sind unmögliche Annäherungen, uneingehbare Verbindungen. »Wer die Henker der Zucht von Cupido unterstellen wollte, sollte ihnen die Nonnenklöster als Schule zuweisen, wo man mit besonderem Eifer Sorgfalt darauf verwendet, denjenigen zu betrügen und hinters Licht zu führen, der sich im Netz ihrer Verlockungen verfängt.«[9]

Wenn ich meine Sonne in der Nähe hatte, aber der Annehmlichkeit, sie zu umarmen, beraubt war, erlebte ich eine bittere Zeit. Daher verwendete die Liebesschlange bisweilen große Anstrengung darauf, die Zungenspitze zwischen ihre Lippen zu stecken, um das Verlangen anzudeuten, sich auch anderweitig im Schweif einen Trost zu verschaffen.[10]

Die Nonnen »fielen den zügellosesten Ausschweifungen zum Opfer«.

Sie vergnügen sich entweder mit irgendeiner intimen Freundin oder mit sich selbst in ihren Zimmern. Und nachdem sie ihren Gaumen mit den gekosteten Zärtlichkeiten gewürzt haben, begeben sie sich zu ihren Buhlen und lassen sie mit geheuchelten Schmeicheleien ihre harten Bissen schlucken, deren Härte diese schwer verwinden können... Man kann keinen Gewinn von ihnen erhalten, als etliche wenige Genüsse mit den Händen zu zerkneten, wo freilich der Lüste Sitz nicht ist. Und so ist dies auch keine nahrhafte Speise, da sie nicht im Ofen der Liebe ausgebacken ist. Es zeichnet sich keinerlei Form von Liebesbefriedigung ab, da hier vom Druck der Umarmungen und der Küsse nichts zu spüren ist. So hat die Arbeit der Hände nur ein, ich weiß nicht welches, oberflächliches Vergnügen...[11] Mit Künsten, die sie in ihren Zellen ersonnen haben, betrügen sie derart, daß es schwierig wird, ihren Nachstellungen zu entfliehen, weil sie ihre Schlingen so sorgfältig ausgelegt haben. So wie sie in ihrer Abgeschiedenheit ihrer eigenen Unredlichkeit mit Machwerk aus Glas und den Hundszungen *(con artifici di vetro e con le lingue de'cani* ist vielleicht eine vage Anspielung auf die alchimistische Destillation der Hundszunge = cynoglossum officinale, d.Ü.) Stoff darreichen, so bringen sie mit unbilligen argen Gedanken verschiedene Arten von Betrügereien und Verrätereien auf den Plan. Nachdem eine solche dergestalt einen unreinen Kitzel bei sich hervorgelockt hat, kommt sie, um diesen auch dem Buhlen aufzudrängen, und freut sich dann, wenn sie in ihrer Sattheit einem Heißhungrigen den Stachel der Begierde versetzen kann.[12]

Das Kloster, jene Schule sexueller Qual, wird hier als eine liederliche Brutstätte gezeichnet, die verseucht ist von der »verderbten Natur«[13] der Frau, jener »wandelnden Hölle«[14]. Die Frau ist ebenso »zügellos in der Begierde«[15] wie »unbeständig und wechselhaft«, so daß »auch das Glück, der einzige Wind, von dem die sittliche Welt umgekehrt wird, aus Ähnlichkeit mit der Unruhe mit Weiberkleidern angetan worden ist.«[16]

Um den »Schatz der Jungfräulichkeit« unversehrt zu erhalten, mußte man nicht nur auf die geistlichen Mittel und die frommen Übungen zurückgreifen, sondern auch eine besondere Diät einhalten und einem ausgewogenen Plan von verschiedenen unerläßlichen Maßnahmen folgen sowie ein kompliziertes und unangenehmes Schutzzeremonial veranstalten.

Um nicht der »Schande des Aktes«[17] zu verfallen, waren eine Reihe von Maßnahmen vorgesehen. Nötig waren: kalte Bäder im »Wasser der Trübsal«, eine wohldosierte Anwendung des Aderlasses, das Einreiben der Lenden mit »kalten und trockenen« Salben auf der Basis von Bilsenkraut- und Mohnöl, das Ausräuchern der Zimmer mit Keuschlamm [= Mönchspfeffer = vitex agnus-castus], das Auspolstern der Betten mit diesem gesegneten Kraut, das Barfuß-Gehen, der maßvolle Gebrauch des Pferdes und anderer Vierfüßler zum Reiten (»das Reiten steht der Enthaltsamkeit entgegen«), die Berührung mit magischen abwehrzauberischen Steinen, ein Aufguß von Seerosenwurzel oder Lattichsamen, dreißig Tage lang eingenommen, der »den Stoff austrocknet und die Versuchung beseitigt«, reichliche Verwendung von Raute und Bergminze, das Tragen von Taubenkraut [= Eisenkraut = Verbena officinalis] auf der Haut, Kampferpillen sowie der reichliche Genuß von essigsauren Speisen. Außerdem mußte man auch eine ganze Reihe von Verboten einhalten und bestimmte Nahrungsmittel meiden, die von den »Austern« und den »Flußkrebsen«, vom Fischrogen bis zu Hirn und besonders den »Gehirnen aller kleinen Vögel« reichten. Um jeden Preis sollte man die schlimmste Angewohnheit, ja Versuchung meiden, nämlich die »Venuskichern« zu essen, besonders die roten, weil sie bekanntlich »den Bauch feucht machen, das Sperma vermehren und Lust zum Geschlechtsverkehr machen. Denn sie haben drei Dinge an sich, die zum Beischlaf gehören: sie sind nahrhaft, geben Wärme und Wind, weshalb man sie auch den Hengsten zu geben pflegt.«[18]

Es war geboten, sich rigoros der Minze und der Pinienkerne zu enthalten sowie Ackerbohnen, Kastanien, Kopfkohl, Fenchel, Pastinak, Wassernuß [= trapa natans] zu meiden, vor allem, wenn sie mit Honig gewürzt sind, ebenso sich Kohlrüben, Rettich und Rauke vom Leibe zu halten. Dann auch: Lauch und mehr noch die Zwiebel, weil »sie die Versuchung aufreizt«. »Der Keuschheit widrig« sind süße Mandeln, »Haselnüsse« und Trockenfeigen. Die gleiche Ächtung erfuhr die Milch, die Butter und der »schwere« Süßwein.

Unter den »eßbaren Dingen, die zuträglich sind für die, die die Keuschheit wahren«, hatten die mit Lattichsamen gekochten Linsen den unbestrittenen Primat. Bei Fleisch waren die Gans und der Hase empfohlen, die freilich nicht sehr fett sein sollten, dann Rindfleisch und Hennen, die nicht mehr jung und nicht fett sind. Dazu kamen noch jene Vögel, »die nicht sehr nahrhaft sind, vor allem die Waldvögel.« Die gebratenen Gerichte waren sehr zu empfehlen, weil das »Öl eine sehr gute Sache ist (außer bei einem schwachen, zu Durchfall oder Asthma neigenden Magen); denn es mindert die Brunst«. Vor allem aber waren die »nicht sehr frischen, in Öl gebratenen Eier... (gut), gleicherweise wie das Braten, das heißt das Essen von gebratenen Dingen. Und dann die gebratenen Fische, das heißt die in Öl gebratenen und nicht in Wasser gekochten. Es ist auch hilfreich, daß sie mit Agrest (Saft von unreifem Obst, d.Ü.) und Essig sowie Saft von Apfelsinen und bitteren Granatäpfeln gewürzt sind. Und so ist auch die Sülze gut, vor allem die, die aus den gesottenen und in Essig eingelegten Tierfüßen hergestellt wird. Zweckdienlich ist aber nicht nur das Fleisch, sondern sind auch die Fische, vor allem die Flußfische. Und alle anderen Speisen müssen mit Essig und den oben angegebenen Dingen gewürzt werden.«[19]

Die Dinge komplizierten sich noch, wenn man zu den »Mitteln zur Erhaltung der Keuschheit bei den Frauen«[20] überging. Denn »einige der oben beschriebenen Dinge, die in erster Linie für die Männer und nicht für die Frauen gut sind, helfen den Frauen keineswegs, die Keuschheit zu erlangen, sondern verstärken eher noch den Anreiz zur Begierde.«

Wenn die Frauen keusch leben wollen, ist es für sie nötig, sich vor allem zu hüten, was zu viel Wärme erzeugt, weil es ihre Monatsregel durcheinanderbringt und sie in Lüsterne zu verwandeln pflegt. Daher ist es angebracht, die erhitzenden Aromastoffe zu meiden. Der schwarze Pfeffer ist für die Frauen schädlich, während er für die Männer gut ist. Die Pilze sind hinsichtlich der Keuschheit gut, weil sie kühl und feucht sind, aber für den Körper sind sie schädlich. Man beachte auch: sie sollte sich enthalten von Minze, Hanfsamen, Raute, Bergminze, Wolfsmilch, Myrrhe und derlei Dinge, die bei den Frauen die Versuchung steigern »und sie bis an den Rand der Raserei bringen«... Und bezüglich des Essens und Trinkens, wovon die Begierde sicherlich und vorzüglich ihren Ursprung und Ausgang nimmt, soll man ihr, wenn sie gern viel ißt und großen Appetit hat, Speisen in großer Menge reichen. Keineswegs weniger Nahrung. Als da sind: viele Kräuter wie Mangold, Gartenmelde, Lattich, als auch sind: Rindfleisch, Brot aus Schrotmehl, das heißt bei dem nicht viel Kleie ausgezogen wird. Schließlich würden den Frauen alle Dinge zuträglich sein, die wenig Blut erzeugen und auf ihren Körper nicht viele Geister anziehen. Der Wein soll leicht und schwach sein... Sie sollten sich vor gesalzenem Fleisch hüten. Um die Keuschheit zu erhalten, sollten Fische für die Frauen in Wasser gekocht, das heißt gesotten werden. Sie sollten sich vor Gewürzstoffen und solchen Dingen hüten, die das Blut verdünnen. Und schließlich alles Hitzige und vielerlei Nahrung meiden, die Ursache für die Begierde sind.[21]

Natürlich sind bei diesem abkühlenden Nahrungshaushalt für den weiblichen Körper, bei diesem Regiment der Reinheit die »Hoden der Hähne, die noch nicht die Hennen treten... und sehr stärkend sind«, nicht anzutreffen. »Jene vermehren nämlich das Sperma und stärken die Natur beim Beischlaf.« Die keuschen Frauen mußten weder gestärkt noch wiederhergestellt werden und noch weniger im voraus gekräftigt und aufgebaut werden. Aber das Weibchen (*poule-femme*, die »Huhn-Frau«) von einst mit dem »heißen und kochenden Blut«, das im Meer der »Naschhaftigkeit« und der »Lüsternheit« herumsegelte,

»so häufig in Brunst« verfiel und daher gut befruchtet (im Italienischen ein Wortspiel: *gallina* = Henne, *gallare* = befruchten, d.Ü.) werden mußte, richtete in ihren Küchen ein Gemetzel unter Hähnen und Hähnchen an. In Frankreich, dem Land der Gemetzel, war das Massaker an den Hähnchen besorgniserregend. Für die »guten Speisen« der Damen waren Kämme und Hoden sehr gesucht und hatten einen Ehrenplatz in den Pasteten; sie waren heiß begehrt wie Goldklumpen. Die Diät der Männer mußte gegen zu befürchtende Vergleiche antreten. Wehe, wenn sie unter den von den galanten Damen geforderten Leistungen blieben: »Nehmt euch in acht, arme Liebhaber und Ehemänner«, rief Pierre de Bourdeille, Herr von Brantôme, aus.

Seht ihr euch nicht sehr vor, so ist es um eure Ehre geschehen, und ihr werdet vertauscht und betrogen.

Das ist noch nicht alles; denn zu jenen neuen Früchten aus Gärten und Feldern kommen noch gute große Pasteten hinzu, die man seit einiger Zeit erfunden hat, mit einer Menge Pistazien, Pinien und anderen Drogen und Reizmitteln aus der Apotheke, besonders aber mit dem Kamm und den Hoden des Hahns, die der Sommer üppiger entwickelt als der Winter und andere Jahreszeiten; nun werden auch im allgemeinen mehr junge Hähnchen geschlachtet als im Winter große Hähne, da diese nicht so groß und geeignet sind wie die kleinen, die feurig, brünstig und fideler sind als die anderen. Dies ist, unter andern, eine der Vorzüge und Annehmlichkeiten, die der Sommer für die Liebe mit sich bringt.

Von diesen fein gemischten Pasteten, kleinen Hähnen, Artischokkenherzen, Trüffeln oder anderen erhitzenden Leckereien machen, wie ich hörte, manche Damen häufig Gebrauch; wenn sie davon essen oder darin herumfischen, langen sie mit der Gabel hinein, ziehen entweder eine Artischocke, eine Trüffel, eine Pistazie oder einen Hahnkamm oder sonst einen Bissen heraus und stecken ihn in den Mund; dazu sagen sie mit betrübter Miene: »Niete!«; erwischen sie aber ein artiges Hahnengeschlecht und bringen es unter die Zähne, so sagen sie jubelnd: »Treffer!«; genau wie beim Glückstopf in Italien, als wenn sie ein sehr kostbares und reiches Kleinod herausgezogen hätten.

Dafür sind sie den kleinen Herren Hähnen und Hähnchen Dank schuldig, die der Sommer und auch der halbe Herbst mit hervorbringt, den ich hier in den Sommer einbeziehe. Beide geben uns eine Menge Früchte und kleiner eßbarer Vögel, die hundertmal hitziger sind als die des Winters und jener Herbsthälfte, die dem Winter näher steht. Diese letzteren Jahreszeiten darf man wohl vereinigen, weil man für ihre Dauer doch alle jene guten Heilkräuter nicht in ihrer Kraft pflücken soll, auch andere Sachen nicht, wie in der heißen Jahreszeit, wenn sich auch der Winter bemüht, hervorzubringen, was er kann: wie die guten Artischocken, die roh und gekocht eine gute Hitze und Begierde erzeugen, bis zu den kleinen erhitzenden Disteln, von denen die Esel sich nähren und darum besser schreien; denn im Sommer sind sie hart, im Winter zart und köstlich, man macht daher in neuester Zeit auch sehr gute Salate daraus. Außerdem macht man noch eifrig Jagd nach guten Drogen bei Apothekern, Drogisten und Parfümeriehändlern, damit sowohl an den Pasteten wie an den Kraftbrühen nichts vergessen ist.[25]

Überall wurde die Notwendigkeit für stärkende Speisen empfunden, in Europa wie in den Tropen. Eine Notwendigkeit auf dem ganzen Erdball!

Die Damen in Frankreich stellten sicherlich keine Ausnahme dar. Die nach Indien übergesiedelten Portugiesinnen machten den »mestiças von Goa«[24] Konkurrenz. Denn die schönen Mestizinnen

wollen... alle einen Liebhaber haben. Dazu scheint der hiesige Himmel jede Frau zu treiben. Diese Wollust ist wohl nicht in letzter Linie auf die ständige Hitze zurückzuführen, die man eher als übermäßig, denn als gemäßigt bezeichnen kann. Es ist die Hitze des Landes, das ihre indischen Mütter hervorgebracht hat, die auch schon von Natur aus sehr wollüstig sind, und zwar im ganzen Orient, oder richtiger gesagt: in diesem Teil des östlichen Asiens. Die portugiesische Nation steht in ihrem Verlangen nach der Venus nicht weiter zurück als jene im Verlangen nach Amor.[25]

Die häufigen Blut- und Mordtaten aus Eifersucht der Portugiesen nützten nichts, um »der unbeherrschten Wollust ihrer

Frauen Zügel anzulegen«[26]. Sie waren so großzügig und freigebig, daß sie in »Exzesse an Gefälligkeit« den Männern gegenüber, reichen wie armen, ausbrechen. »Sie lassen es nicht zu, daß sie selbst von den Reichen sehr üppig beschenkt werden und geben andererseits den Armen alles, was jene benötigen. Sie wetteifern miteinander, wer sich in diesen Dingen am meisten auszeichnet.«[27]

Über die Geschenke an eßbaren Dingen denken sie Tag und Nacht nach, um ganz besondere, neue und vor allen Dingen stärkende Speisen herauszufinden. Auch ihre Sklavinnen helfen ihnen dabei... Von den Speisen will ich nur eine näher erwähnen, die »Königs-Speise« genannt wird. Sie wird aus dem Fleisch von Kapaunen, die zunächst gekocht, gesotten oder gebraten werden, zubereitet. Dann wird das Fleisch sehr sorgfältig abgezogen, und anschließend mit Mandeln, Zucker, Amber, Bisam, gemahlenen Perlen, Rosenwasser und Eidotter vermischt, um geknetet zu werden. Das ist eine Mischung, die aufmuntert und die Verliebte dazu verleitet, sich wieder in venerische Freuden zu stürzen.[28]

Die portugiesischen Händler von Goa, die »beinahe nichts zu tun haben, außer wenn man das Schiff nach Lissabon belädt«, »widmen sich während des restlichen Jahres ihrem Zeitvertreib, genießen die Liebe, die Freundlichkeit, die Sauberkeit und die Anmut ihrer Frauen oder Geliebten. Von diesen kann man niemals mit genügend Nachdruck sagen, wie liebevoll, freundlich, anziehend und sauber sie eigentlich sind.«[29] Der Florentiner Kaufmann Francesco Carletti, der sich in Goa für »einen Zeitraum von einundzwanzig Monaten«[30] aufhielt, war vom Liebreiz, der Schönheit, der Sauberkeit und der Sinnlichkeit der Frauen des westlichen Vorderindien verzaubert. Er erklärte schließlich sogar, »daß sie in allem alle Frauen, die gleiche oder ähnliche Vorzüge aufzuweisen haben, übertreffen, wenn nicht in aller Welt, so doch in den Teilen der Welt, die ich bei meiner Fahrt um die ganze Welt gesehen oder erlebt habe.«[31] Aus dem Munde Carlettis, der zwölf Jahre lang (von 1594 bis 1606) in der Welt wahrhaft herumgekommen war, nimmt dieses Zeugnis eine besondere Aussagekraft an. Sein geübtes Auge des Sklavenhändlers – jenes luzide Instrument wissenschaftlicher Erforschung, bei dem die Sinne zu Mitteln einer wissenschaftlichen Erhebung werden, – war in die Geheimnisse ihrer Leiber, ihrer Häuser, ihrer Küchen eingedrungen.

»Sie sind wohl die am leichtesten verliebten Geschöpfe, die man sich denken kann«[32]. Sie sind »attraktiv« wegen ihrer »Lebenshaltung und ihrem aufreizenden, um nicht zu sagen, unzüchtigen Auftreten. Sie kleiden sich nach indischer Sitte, und zwar so, wie es in der Gegend von Malabar üblich ist. Dieses Gewand unterstreicht ihre äußerst graziösen Bewegungen beim Umhergehen in ihren Häusern.«[33] »Das Kleid ist nichts weiter als ein sechs Arm langer und zwei Arm breiter sehr feiner Baumwollstoff, der mit den verschiedensten Malereien bedeckt und höchst anmutig mit Goldfäden bestickt ist. Damit hüllen sie ihre Figur von der Hüfte bis zum Spann des Fußes ein. An den stets nackten Füßen tragen sie kleine schwarze absatzlose Samtschuhe.«[34] Das Auge des Kaufmanns bewertete mit gleicher professioneller Kompetenz Stoffe und Leiber.

So sieht ihre Kleidung aus, die sie in ihren Häusern tragen. Fast könnte man sagen, daß sie oberhalb der Hüfte nackend sind, denn durch die transparenten Kittel sieht man die Schultern, die Brust und die Arme. Von der Hüfte abwärts sieht man nicht viel weniger, denn sie zeigen die Umrisse ihres ganzen Körpers, der äußerst wohlproportionierte Glieder hat. Nur selten sieht man einmal eine Frau mit eingefallenen Brüsten oder anderen Fehlern, die unsere Frauen so oft nach Geburten haben.[35]

Nicht geringer war die Anziehungskraft, die die Reinlichkeit dieser duftenden und aufreizenden Frauen auf den Kaufmann aus Florenz ausübte. Der Vergleich mit den Frauen, die er in Europa und in anderen Gegenden kennengelernt hatte, war traumatisierend. Ihre Vertrautheit mit dem Wasser erschien ihm erstaunlich.

Ich komme jetzt noch einmal auf die andere Eigenschaft dieser Frauen, nämlich ihre Reinlichkeit, zu sprechen. In dieser Hinsicht beschämen und übertreffen sie wohl alle Frauen jeder beliebigen anderen Nation, und dies, obgleich diese Eigenschaft auf die als Frauen von Malabar bezeichneten Inderinnen zurückgeht. Diese wie jene waschen sich nach jeder menschlichen Verrichtung sofort mit Wasser, das in den meisten Fällen parfümiert ist. Sie betätigen dabei nur die linke Hand, weil die rechte Hand zum Essen dient und sie mit ihr daher nie Dinge berühren, die man als schmutzig bezeichnen könnte. Wenn sie sich mit ihren Ehemännern oder Geliebten vergnügt haben, waschen sie sich sofort, und das tun sie, so oft der Mann sie gebraucht. Wie ich bereits sagte, nehmen sie jeden Abend, ehe sie zu Bett gehen, ein Bad, bei dem sie den ganzen Körper abwaschen. Dann gehen sie stark parfümiert zu Bett. Dabei sind sie in sehr feine weiße Baumwolltücher eingehüllt. Sie lassen die Tücher plötzlich fallen, so daß sie ganz nackend dastehen.[36]

Vom Bett bis zur Küche war alles ein Pardies der Wonnen, der Kostbarkeiten, der gezuckerten delikaten Leckereien, die im Okzident unbekannt waren.

Man ißt alles von chinesischem Porzellan, und – was noch besser ist – die Speisen bestehen nur aus ausgezeichnet gewürztem Geflügel, denn das Land hat einen Überfluß an Hühnern. Darunter gibt es eine Sorte, deren Fleisch, das heißt, die Haut und die Sehnen, schwarz ist. Diese Art ist noch wohlschmeckender als die anderen. Aus allen bereiten sie eine Unzahl verschiedenartiger und ausgezeichneter Speisen. Sie machen sie auch in Zucker ein oder kochen sie im Ganzen, gesotten und geröstet, ohne Knochen. Das ist herrlich und schmeckt köstlich.

Mein Diener verstand sich auf diese Art der Zubereitung und auf verschiedene andere landesübliche, in Europa aber gar nicht bekannte Arten. Es gibt dort auch Mengen von allen möglichen zahmen und wilden Vögeln, die alle sehr preiswert zu haben sind...

Es gibt auch in reichlichen Mengen schmackhafte und gute, aus Früchten des Landes zubereitete Zucker-Konserven. Das Beste an ihnen ist, daß sie fast überhaupt nichts kosten. Für einen Giulio bekommt man sechzehn Unzen eines jeden gewünschten Obst-Konfektes.

Es handelt sich um die gleichen Früchte, die ich bereits bei meiner Beschreibung des Orients erwähnt habe. Sie werden auf den Straßen von ihren Sklavinnen verkauft, die meist ebenso schön wie liebebedürftig und liebenswert sind wie die von ihnen angebotene Ware. Nur selten wird die eine Ware ohne die andere verkauft.[37]

Bei Nacht im Bett und bei Tag im Haus oder auf der Straße kauen sie unentwegt das Blatt der »Betelnuß« *(betre)*.

Fast immer haben sie es im Munde. Das ist dasselbe, was man auf den Philippinen-Inseln *buio* nennt. Sie vermischen es mit jener Frucht, die sie *bonga* und dort in Indien *arecca* nennen. Das ist eine Frucht von der Größe einer Haselnuß, die an einem palmenartigen Baume wächst, das heißt der Stamm und die Blätter sind der Palme ähnlich, während der Baum selbst viel kleiner ist. Sie haben einen zusammenziehenden und herben Geschmack, der durch den Kalk von Seemuscheln gemildert wird. Der Kalk wird erst gelöscht und dann reiben sie damit das erwähnte Blatt ein, wenn sie es in den Mund nehmen wollen. Diese Mischung hat die gleiche Wirkung, wie ich sie bereits in meinem Bericht über die Philippinen-Inseln beschrieben habe. Ich möchte noch hinzufügen, daß der Geruch dieses Blattes, wenn es gekaut wird, an den unseres Estragon erinnert. Es erzeugt einen Atem, der in hohem Maße zur Wollust reizt, und die Zahl derer, die das Blatt kauen, ist sehr groß. Es erholt und kräftigt zugleich, so daß es erneut zu den Freuden der Venus anregt.[38]

Über dieses Blatt, das »den Geschlechtstrieb weckt oder ihn wiederherstellt«[39] und in Europa auch unter dem Namen »tambor« oder »tembul«, »coffol«, »tenga«, »folium malobathrum« [= Betelblatt = areca catechu] bekannt war, hatte Julius Cäsar Scaliger geschrieben: »Man glaubt, es sei einer guten Gesundheit sehr förderlich, vermehre die Kraft, lasse die Kräfte in der Liebe wiedererstarken, kräftige Herz und Hirn und beseitige den Magenschleim.«[40]

Im Unterschied zu den erotischen Bräuchen der Inder betrieben die Philippinos (»die *bisaios*«), die »alle den Freuden der Venus ganz besonders geneigt« waren und deren Frauen nicht »weniger heißblütig wie schön« waren, grausame und schmerzhafte »Liebesspiele«, indem sie sich an ihnen »auf seltsame und diabolische Weise«[41] ergötzten. Eins fiel dem allgegenwärtigen Beobachter besonders auf, der sich während der langen Vorträge im Palazzo Pitti dazu hergab, sie dem Großherzog Ferdinand II. zu berichten.

Wenn ich es nicht selbst gesehen hätte, würde ich gar nicht wagen, es Eurer Durchlauchtigsten Hoheit zu erzählen. Ich würde befürchten, daß man mich für einen Lügner hält. Da ich aber, aus Neugier wie aus Wissensdurst, einiges Geld ausgegeben habe, bekam ich das mit eigenen Augen zu sehen, worüber man mir berichtet hatte. Man kann mir also bestimmt Glauben schenken.

Die *bisaios* – oder doch die meisen von ihnen – haben sich eine teuflische Erfindung zunutze gemacht, die ihnen und ihren Frauen zu diabolischer Wollust verhilft. Sie pflegen nämlich das männliche Glied etwa in der Mitte zu durchbohren und in die Durchbohrung einen kleinen Stift aus Blei zu stecken, der von der einen Seite bis auf die andere reicht. Oben auf dem Stift ist ein kleines, ebenfalls aus Blei gefertigtes Sternchen angebracht, das sich dort dreht und ein wenig über das Glied hinausragt. Unten an dem Stift befindet sich ein Loch, durch das ein kleiner Keil getrieben wird, so daß er fest sitzt und nicht aus dem Glied herausrutschen kann. So ausgerüstet pflegen sie sich dann mit ihren Frauen zu vergnügen, denen sie damit im Anfang wohl einige Schmerzen bereiten, nachher aber um so mehr Freude bringen, wenn die Frauen durch die Stiche, die ihnen das kleine Sternchen versetzt, erhitzt sind. Nachher vergeht ihnen für einige Zeit die Lust an diesen Dingen. Die *bisaios* behaupten, daß man diese Art des Geschlechtsgenusses aus gesundheitlichen Gründen erfunden habe. Sie meinen, daß sie dann weniger Gelegenheit zu Ausschweifungen hätten, und daß ihre Frauen gründlicher befriedigt würden. Ich hörte aber auch andere Stimmen, die der Ansicht waren, daß dies eine Erfindung Satans sei, die nur die Fortpflanzung dieser unglücklichen Menschen verhindern soll.[42]

Angesagt waren also Pasteten, dickflüssige Brühen, anregende Gemüse, berauschende Gewürze sowie die Versuchungen aus Küche, Gewürzladen und Parfümerie. »So wie die Kälte Hagel zeugt und Reif, / Braucht geiler Mund auch einen geilen Schweif«, sagte zu ihrer Rechtfertigung die Frau aus Bath in den Canterbury Tales von Chaucer (III, 465-466).

Offensichtlich fehlte der Wein, der in den warmen Ländern seit alters den Frauen verboten war, denen – soweit es Aulus Gellius in den *Noctes atticae*, X, 23 (Attische Nächte) berichtet – ebenso schwere Strafen wie die für Ehebruch angedroht wurden.

Der Wein galt als lästige Seuche *(importuna lues)* in flüssiger Form, als verderbliches Getränk *(pernitiosa potio)*, und ohne ihn (*animae virus, et vitiorum fomes, Veneris illecebrosa voluptas* [Gift der Seele, Zündstoff der Laster, verführerische venerische Begierde]) wäre die Lust am Ehebruch *(adulterina voluptas)* der schönen Damen im galanten Frankreich Brantômes weniger sprühend gewesen. Der Wein, insbesondere der Süßwein, war Gegenmittel gegen Liebeskummer und strömte so reichlich an den prächtigen Tafeln des Renaissance-Zeitalters, daß man ruhig vergessen konnte, ihn eigens zu erwähnen. Wenn nötig, wurde er angereichert durch eine Prise Safran, jenem willkommenen Rauschmittel (wenn man am Krokus, dessen getrocknete Blütenstempel zu Safran verarbeitet werden, schnuppert, »erweitert er die Brust und die Werkzeuge des Geistes und regt zum Beischlaf an«[43]). Oder er wurde mit scharfen Duftstoffen tierischen Ursprungs, wie etwa mit Moschus aus der Duftdrüse der Moschus-Tiere oder mit Ambra aus dem Darm des Pottwals, angereichert. Er wurde dann noch aufreizender, weil die »Ambra das Herz und das Gehirn stärkt, die Gefühle erregt, den hinfälligen Alten und den Erkalteten bekommt, die Nerven und abgenutzten Glieder kräftigt, die Gebärmutter öffnet und den Geschlechtstrieb erregt.«[44] Den »trockenen« Wein machte man »mit dem wilden Majoran, dem Origano, mild, den man im Most gären läßt, wenn er zusammen mit seinen Traubenstielen gärt.«[45] Er konnte auch mit Koriander angereichert werden und so ausgeprägter und einschmeichelnder gemacht werden. »Wenn man diesen zusammen mit Süßwein zu trinken gibt, reizt er Männer und Frauen, die große Mühe haben, sich zu enthalten, zu geschlechtlichen Handlungen auf.«[46]

In dieser Welt, die wir glücklicherweise hinter uns gelassen haben, wurden scheinbar nicht wenige »beständig von wilden fleischlichen Begierden aufgereizt«[47], als würden sie von hemmungslosen Stämmen lüsterner Satyrn bewohnt. Die aus solch andauernder Aktivität und unmäßiger Leidenschaft gestellten Probleme lagen auf zwei unterschiedlichen Ebenen, auch wenn sie freilich den gleichen Ausgangspunkt hatten. Die erste betraf den geregelten und nicht selbstmörderischen Umgang mit dem Körper; die zweite – mit entgegengesetztem Vorzeichen – das Wiederaufleben der ermatteten Kräfte und eingeschlafenen Lebensgeister. Um es mit den Worten eines Fachmannes aus dem 16. Jahrhundert, eines ausgezeichneten Interpreten der sexuellen Dramaturgie seiner Zeit, zu sagen, waren die Techniken eines therapeutischen Eingriffs darauf gerichtet, entweder »die brünstigen Triebe des Fleisches, die uns zu sehr schaden«, zu dämpfen und abzukühlen, oder die Ermatteten und Erkalteten, »die hinfällig und zeugungsunfähig sind«, anzuregen und zu entflammen.

Natürlich war das erste Problem weniger dramatisch. Es bestand darin, den »Kitzel und das Feuer der Rute«[48] abzumildern oder das »Ungestüm derer, deren männliches Glied ständig zum Verkehr bereit stand«, einzudämmen (es ist hier vielleicht sinnvoll, die Definition des Priapismus von Marinello zu erwähnen, wonach »das Glied ohne irgendwelche fleischliche Begierde erigiert«, während es sich bei der Satyriasis »unter sexueller Gier aufrichtet«)[49]. Daher waren auch die Kniffe, um die »ausschweifenden Liebesbegierden« abzuschwächen, weniger anspruchsvoll und ausgesucht. An erster Stelle stand als klassisches Heilmittel die Diät gegen die Geilheit. Sie hatte ihre Grundlage in Speisen, die »den Körper feucht und kalt machen, als da sind: Kürbisse, Melonen, Portulak..., essigsaure und bittere Speisen, gekochte und mit Essig gewürzte Linsen«, Fleisch vom Lamm oder vom Ziegenböcklein oder Fleisch vom »Spanferkel, das entweder gekocht oder mit Essig oder auch mit Agrest vermischt wird, oder zu Sülze verarbeitetes Fleisch, das mit Mohn oder mit Saft von Zitronen oder Apfelsinen oder Wacholder oder ähnlichem vermischt wird.«[50] Um dies zu vervollständigen, mußte man die Rute mit »Lilienöl oder Erdmandelöl (olio di cipero) oder Lavendelöl oder Sadebaumöl [= Juniperus sabina] salben oder Glied und Hoden mit einer Salbe einreiben, »die aus Rosenöl, Kampfer und Wachs hergestellt wird oder aus Pappelöl, Bleiglätte und Essig zusammengesetzt ist.«[51] In hartnäckigeren Fällen waren Latwergen unterschiedlicher Zusammensetzung vorgesehen.

Komplexer waren die Heilmittel, um den ermüdeten Körper wiederzubeleben und die eingeschlafenen Kräfte wieder zu heben. Diätetik und Pharmazie mußten sich zur Regeneration und Potenzierung zusammentun. Die »Naturphilosophen« schrieben übereinstimmend Dinge vor, »die Blut erzeugen, den Geist stärken und das Sperma vermehren«.[52] Ebenso empfahlen sie Nahrungsmittel, die die »Eigenschaft« haben, »den Mann rüstig zu machen«, und rieten, »jede Speise solle feucht sein, so daß sie eine starke Blähung erzeugt.«

Brot aus sehr weißem Weizenmehl mit Sesamkörnern. Das Fleisch soll von Vögeln, Hennen, jungen und fetten Hähnen, Enten, Spatzen,

Hühnchen, jungen fetten Tauben, Rebhühnern, Turteltauben, Wachteln und derlei Federvieh sein. Zu empfehlen ist Gänsezunge, die gegessen oder in Pulverform getrunken wird. Bei den vierfüßigen Tieren ist sehr dienlich das Fleisch von jungen Schafen, von Kälbern, von gemästeten Hausschweinen sowie das gesottene oder geröstete, jedoch nicht gebratene Knochenmark der Tiere. Von den im Wasser lebenden Tieren sind gut: die getrockneten Flußkrebse, die kleinen Fische und die Austern. Bei der Milch übertrifft die Frauenmilch und die Schafsmilch alle anderen Arten. Bei den Eiern sind es die von der Henne, der Gans, der Ente, der Taube sowie Fischrogen.[53]

Unter den Dingen, die »zu Speisen und Arzneien zu verwenden sind«, konnte man neben den wohlbekannten Hilfsmitteln, die aus Gärten, Feldern und Wäldern kamen, erfolgversprechend zu gewissen niederen Kleinlebewesen greifen, wie etwa »jenen Würmern, die so viele Füße haben« (die Tausendfüßler), dem »bunten Molch« (der Smaragdeidechse) und der »Eidechse« (»vor allem ihrer Schwanzspitze und den Lenden«), deren »Salz« für »wunderbar« gehalten wurde.[54]

Schneidet einer Eidechse zur Sommerszeit den Hals ab, nehmt die Eingeweide heraus und füllt sie mit Salz. Legt sie in den Schatten, bis sie trocken ist. Zieht das Salz heraus und werft die Eidechse weg.[55]

»Sehr große Wirksamkeit hat das Geschlecht des Stiers [besonders des Stiers in der Brunst]. Denn wenn man es getrocknet, pulverisiert und in einem Ei gelöst zu trinken gibt, wirkt es auf wunderbare Weise.«[56] So auch »die getrockneten Hoden vom Hahn in Pulverform, die man mit Wein zu trinken gibt.« Als weniger angenehm dürfte sich der »Kot vom Fasan« erwiesen haben, »der getrunken oder als Salbe verwendet wird«. Und auch die »Einläufe aus Wasser, in dem ein Ziegenkopf gekocht wurde«[57], rufen einige Verblüffung hervor. Andererseits fühlt jede Epoche das Bedürfnis nach einem Placebo-Effekt. Unsere mehr als alle anderen. Und gerade deshalb können wir uns nicht erlauben, mit ironischer Überheblichkeit und verächtlichem Stirnrunzeln auf die negromantische Pharmazie der Vergangenheit herabzusehen. Denn schließlich schlucken wir ohne mit der Wimper zu zucken nicht nur Nahrungs-Müll, sondern auch tonnenweise unsichere und zweifelhafte (wenn nicht schädliche) Arzneien, betreiben eine primitive Schönheitspflege und setzen unsere Oberhaut dem schädlichen und durchbohrenden Licht künstlicher Höhensonnen aus. Wenn wir heute synthetischen Kot verschlingen und süchtig Zäpfchen, Beruhigungspillen, euphorisierende Tabletten, magische Pulver sowie »Mittler von Vergessen« in flüssiger und fester Form konsumieren, verbietet sich uns jede Art von Mitleid. Die Geschichte, die wir hier skizzieren, reflektiert einen großen Mythos, eine vieltausendjährige Illusion. Es ist die Geschichte eines »Vorurteils«, eines populären Irrtums und eines therapeutischen Traums.

Der »wissenschaftliche« und rationale Schlüssel für seinen Erfolg lag darin, das Rätsel »Mensch« im Rahmen einer globalen Deutung seines Zusammenhangs mit dem Kosmos, dessen Bruchstück er ist, zu lösen. Diesem Lösungsversuch lag die respektable Theorie der Wahlverwandtschaften und der verborgenen Sympathien unter den Dingen, die Annahme einer Logik der Symbole und der Analogien sowie das Gesetz geheimnisvoller Übereinstimmung zugrunde. Zu deuten war also die Sprache der Urelemente, die sich über nicht wahrnehmbare und nicht auszumachende Kanäle in die wunderbare Maschine des menschlichen Körpers, jenes Kleinods der Schöpfung und jenes unvergleichlichen Meisterwerks von erstaunlicher Komplexität, umsetzten.

# 5

# Das grosse Stärkungsmittel

Die Beziehung zwischen alter und neuer Wissenschaft ist vielschichtig. Newton zum Beispiel, der »letzte der Magier«, der »babylonische Magier« (wie ihn John Maynard Keynes 1947 bezeichnete), verschlang geradezu alchimistische Manuskripte. Dennoch gelang es ihm, die Theorie des allgemeinen Gravitationsgesetzes zu formulieren. Das Vorurteil ist die Kehrseite der sogenannten Wissenschaft, die dazu bestimmt ist, nach einer gewissen Anzahl von Generationen mit vertauschten Rollen selbst zu einem vorurteilsträchtigen, wenn nicht lächerlichen, dann gängigen Irrtum zu werden. Wenn es richtig ist, daß »wir nur durch Vergessen lernen und viele Dinge, die wir gelernt haben, aufzugeben gezwungen sind, um zu einer gewissen Anzahl von unbestreitbaren Wahrheiten zu gelangen«[1] – wie Thomas Browne auf der ersten Seite seiner *Pseudodoxia epidemica* (1646) schrieb –, bleibt dennoch immer noch die Ratlosigkeit eines Lorenzo Magalotti, Enkelkind von Galilei und ehemaliger Sekretär der *Accademia del Cimento* (Akademie des Experiments) in Florenz, beherzigenswert. Dieser bekannte in der Antwort an seinen ideellen Gesprächspartner, der sehr sicher war, daß »die heutigen Intellektuellen größere Fortschritte in der Wissenschaft gemacht haben« als die in der Vergangenheit: er könne sich nicht »von einem Verdacht« befreien, daß »sie sich, je tiefer sie in die Wahrheit eingedrungen seien, desto mehr dem Unendlichen genähert haben; denn wer beim Zählen die Zahlen vermehrt, entfernt sich von der Einheit.«[2]

Was ist das? rief ein großer, heute [1681] noch lebender Moralautor aus. Wenn man die Straße nicht erkennt, verläuft man sich; wenn man davon mehr als eine sieht, verirrt man sich. Der Verstand, der mehr sieht, kann sich auch eher täuschen als der, der gar nichts sieht. Oft täuschen wir uns, weil uns die Irrtümer anderer beeindrucken und oft auch deswegen, weil wir die Irrtümer anderer entdecken. Während es manchmal nur teilweise Irrtümer sind, wollen wir aus ihnen vollkommene Irrtümer machen, o großes Erbarmen![3]

In diesen Tagen (Dezember 1987) erreichte uns die Nachricht, daß der sowjetische Physiker Gribow das »Quark-Modell« für inkonsistent hält – also das Modell für »jene Urbausteine, die heute auch auf Fernsehniveau zum Allgemeinwissen gehören« und die der heutigen Sicht der Architektur der Urpartikel der Materie zugrundeliegen. Handelt es sich um neue »pseudodoxia epidemica«, neue »populäre Irrtümer«? Vielleicht ist es ganz nützlich, sich an folgendes reizvolles Geschichtchen zu erinnern, das Magalotti erzählt. Dieser sieht zu, wie Francesco Redi, der große Naturforscher und Autor von *Bacco in Toscana,* feinsinnig über die Ansprüche des menschlichen Verstandes lächelt.

Und vor wenigen Tagen unterhielt ich mich mit ihm über ich weiß nicht welches mutmaßliche neue Rezept gegen Ischias. Und er sagte lachend zu mir, daß es ihm nach so vielen Jahrhunderten, da es Ärzte und Dichter gibt, nicht weniger schwer falle, ein neues Rezept in der Medizin zu finden als einen neuen Gedanken in der Liebe zu haben.[4]

Um in unsere Tage zurückzukehren: Es wäre für uns eine Belustigung, die unzähligen, beständigen Widerrufe, Dementis,

Zurücknahmen, Kehrtwendungen, scheinbare Wenden, Wiederinstandsetzungen, Neuauflagen, Recyclings, Pseudoinnovationen aufzurechnen, die die »wissenschaftliche« Diätetik ununterbrochen liefert mit dem Ergebnis, dem ausgeglichenen Wissen der Leute in Ernährungsfragen einen tödlichen Schlag zu versetzen. Ganz zu schweigen dann von dem ungeheuren Massenkonsum an Astrologika (mit einem Umsatz von anscheinend 14 Milliarden Mark im Jahr), der täglich von den technologisch fortgeschrittendsten Medien angeboten wird. Diese sollen jene Massen trösten, beraten, aufklären, in Euphorie versetzen oder zur Vernunft rufen, die noch dunkel fühlen, einem kosmischen System anzugehören, das nicht nur schwer zu begreifen ist, sondern dessen Sinn auch abhanden gekommen ist.

Wenn wir über die therapeutischen und diätetischen Mythen unserer Zeit nachdenken, müssen wir die alte Diätetik, die auf dem Hintergrund eines ganz anderen Menschenbildes als dem unsrigen, falls uns überhaupt noch *eines* bleibt, ausgearbeitet wurde, mit größerer Ruhe und Nachsicht betrachten. Wir brauchen nur an den magischen Glauben an die Kräfte der Vitamine zu denken, an die zu Plasma homogenisierten Breie, die Stärkungskaramellen, die kleinen Imbisse für die Kinder, den königlichen Brei für die Alten und Entkräfteten, den Gingseng, jene wundersame Wurzel, die die zauberhafte Alraunwurzel ersetzt hat, ohne allerdings die Phantasie eines zweiten Machiavelli zu erregen.

Wir müssen nur einen Augenblick die wunderwirkenden Kräfte in Erwägung ziehen, die den mit Kerbel oder Estragon angereicherten Salaten zugeschrieben werden, oder den kollektiven Wahn um die Brennessel, die Heidelbeer-Nudeln oder den Kiwi-Reis oder den unwiderstehlichen Erfolg des Schweinefraßes der viertklassigen orientalischen Küche. Die Fachleute der Ethnomedizin wissen sehr wohl, welchen kulturellen Wert und welchen – auch wissenschaftlichen – Ernst die magisch-sympathetischen Praktiken der »Primitiven« und der vormodernen Einwohner des Abendlandes hatten. Wenn wir über den Stand der Kreativität und der erfinderischen Kraft der Köpfe im vorindustriellen Zeitalter nachdenken, die von jenen Latwergen und jenen Tränken täglich Gebrauch machten, müssen wir zu dem bitteren Schluß kommen, daß die postmoderne Zivilisation, die im Fotokopiergerät und in der Videokassette vielleicht den höchsten Ausdruck ihrer Originalität gefunden hat, ein gräßlicher Traum von Leuten ist, die nichts schaffen können, was nicht der Förderung, der Vermehrung und dem Vertrieb des Nutzlosen und Überflüssigen dient.

Man sollte das einmal vergleichen mit dem klaren Wahn der Pseudowissenschaft und der Großartigkeit der handwerklichen Techniken in der Vergangenheit, als anonyme Baumeister außergewöhnliche Kathedralen zu bauen vermochten, im Vergleich zu denen unsere (ständig kaputten) Autobahnen wie ein Scherz törichter und unfähiger Kinder erscheinen. Zwar hatten sie die Syphilis, wir finden leider Aids vor. Der Unterschied liegt vor aller Augen. Sie verspeisten Hoden und Pimmel vom Stier, unsere Brokers oder gewisse gut entlohnte »Korrespondenten« konsumieren, um sich auf den Beinen zu halten, ungeheure Mengen von Kokain-Sniffs, wie es sich die Primitiven der Anden niemals vorzustellen gewagt hätten.

Unsere jüngeren Generationen von Fernsehabhängigen verlernen langsam, wegen des Überangebots an Ersatzbildern für das Leben, ihr Gehirn zu gebrauchen, verlernen das Gehen wegen der zu vielen Autos und Motorräder, und in ihren Adern fließt ein Saft, den man einst Blut nannte, der heute aber eher eine Mischung aus Bleipartikeln und Quecksilber ist. Da könnte es ganz sinnvoll sein, mal über die sexuellen Übertreibungen der Männer in der Vergangenheit und besonders der jungen Ehemänner nachzudenken, die sich »bei den ersten sexuellen Vereinigungen« so sehr »von den fleischlichen Lüsten hinreißen« ließen, daß sie von schweren Problemen heimgesucht wurden, das eingebüßte Blut wiederzuersetzen und zurückzugewinnen. Und bedenkenswert sind auch jene naturwissenschaftlichen Ärzte, die mit den damals bekannten Mitteln versuchten, »den Magen zu stärken und zu kräftigen..., damit die Schwäche weiche und die gewohnte Kraft wiederkehre«.

Viele Forscher, die über die Geheimnisse der Natur nachdachten, haben Tag und Nacht damit zugebracht, »zu stärken und die Geister verwirrt zu machen«, wunderbare Elixiere und wunderwirkende Latwergen zu finden, die »bei den Alten und Erkalteten«, bei den »schwachen und zeugungsunfähigen« Alten die Lebenslust wiederzubeleben in der Lage sind. Die Alten, die heute im Schatten der Ausgrenzung und der trostlosen Einsamkeit dahinwelken, waren damals noch nicht der nutzlose und lästige Auswurf, jener menschliche Kehrricht, der in die öden Behälter für zersplissene Greise geworfen wird. Diese Rezepte könnten sich – mit der üblichen Ironie der Geschichte – als unfehlbares Heilmittel für die Jung-Greise von heute erweisen, bei denen der Verfall des Begehrens nicht angemessen aufgewogen wird von der fanatischen Gier nach Aneignung und Besitz von zwecklosen Geräten um jeden Preis und ebenso sinnlosen Gegenständen, die zur Einsamkeit und zu vorzeitigem Greisentum führen. Der auf einem hohen technologischen Niveau neu entdeckte Primitivismus der neuen Wilden, die Tag und Nacht im Auto oder auf dem Motorrad herumfahren, vielleicht um alte Frauen zu berauben oder minderjährige Mädchen zu vergewaltigen, ist das soziale Gift einer modernisierten, aber nicht genügend kultivierten Welt. Die Barbaren stehen immer noch vor den Toren.

Und den Unvorsichtigen, die Kantharidin in tödlicher Dosis einnehmen (wie es kürzlich in der Emilia Romagna einem tollkühnen Koch passierte, der immerhin mit der Dosierung eine gewisse Vertrautheit hätte haben müssen) wäre zu folgender alten Latwerge zu raten, bei der wenigstens die Mengen klar angegeben sind. Falls sie keine Wirkung zeigt, so hat sie doch keine tödlichen und irreparablen Konsequenzen.

Man nehme eine Sechzehntel-Unze Kantharidin [= Anhydrid der giftigen Kantharidinsäure], eine Achtel-Unze Skink, eine Achtel-Unze Stier-Penis und eine Achtel-Unze Hirsch-Penis; eine Zwölftel-Unze Borax, je eine Vierundzwanzigstel-Unze schwarzen Pfeffer..., Ingwer und Kardamom; eine Sechzehntel-Unze grünen Kubebenpfeffer, je eine Achtel-Unze Pinienkerne, Pistazien, Riemenzungenwurzel und Knabenkrautwurzel [=palma cristi = Orchis oder Gymnademnis conopea]; eine Sechzehntel-Unze Eschensamen [= lingue di uccello = lingua avis = fraxinus excelsior] und eine Sechzehntel-Unze Raukensamen; fünf Unzen Zucker. Macht aus allen diesen fein zerstampften Dingen eine Latwerge, und ihr werdet sie für sehr gut befinden.[5]

Wer dagegen dem Kantharidin mißtraut, kann allemal auf folgendes liebliche »Mischgericht«, eine »sehr wirksame Mischung«, zurückgreifen:

man nehme Brühe von Hähnchen- und Taubenköpfen und mache daraus ein Mischgericht mit Eidottern, etwas Weizenmehl, Butter und Öl von süßen Mandeln im Gewicht von einem halben Pfund und mehr, falls es nötig ist; eine Vierundzwanzigstel-Unze Bisam (Moschus) und eine weitere Ambra; zwei Unzen Bisamöl (olio muscellino). Das koche man alles zusammen, bis es eingedickt ist und davon nehme man jeden Abend einen Schluck, indem man warmen Wein dazu trinkt. Man kann dem auch zu gleichen Teilen Raukensamen, Schwanz vom Skink, Knabenkraut, Pinienkerne, Datteln, Pfeffer, Ingwer, Weiß- und Rotwein hinzufügen. Doch auf jede Art wird es für Junge und Alte sehr gut sein.[6]

Den »hinfälligen Alten«, den Tattergreisen, dagegen waren gewisse künstliche »Nüsse« zu empfehlen.

Diese haben eine sehr große Kraft, die sinnliche Liebe zu entfachen... Man nehme gut dreißig Spatzenhirne oder auch mehr oder weniger, je nach dem Geschmack dessen, der es will, und hacke sie in einer geeigneten Schüssel klein. Dann nehme man ebensoviel Talg von einem gerade geschlachteten Ziegenbock, der um die Lenden herum ist, und vermische ihn gut mit den Gehirnen; brutzele dann beides zusammen in einer Pfanne. Nimm dann aufgeschäumten Honig und lasse dies kochen, daß es zu einer Latwerge eindickt. Daraus mache man kleine Kugeln, welche die Nüßchen sind. Von diesen soll der Mann, bevor er zu Bett geht, eine kauen und er wird sehen, welche Wohltat sie dem verschaffen, der sie benutzt.[7]

Wo dann das »Herz Grund zu Schwäche und zu geringer fleischlicher Begierde hat«[8], hätte man sich mit einer Achtel-Unze Herzknochen (d.h. die verkalkte Herzklappe, d.Ü.) vom Hirsch und zwei Unzen Safran, feinem Zimt, Ochsenzunge (= Anchusa officinalis), getrockneten roten Rosen, Nelkennäglein, Maisblüte, Muskatnuß, etwas Perlen und anderen Köstlichkeiten eine Latwerge zubereiten können, die einen hätte wieder aufheitern lassen.

»Sie macht den Geist munter und heiter und hilft folglich denen, die wegen zu geringer Begierde, die von einem Gebrechen des Herzens herkommt, nicht mit Frauen verkehren können.«[9] Wer an das Herz im romantischen Sinn, an die gefühlsmäßige Unlust gedacht hätte (die »zu geringe Begierde, die von einem Gebrechen des Herzens herkommt«), hätte sich wieder einmal geirrt. Dieses Herz hat damit nichts zu tun. Jenes Stärkungsmittel, das als angenehmer Leckerbissen vorgeführt wird, entspricht der verbreiteten Tendenz des Naturalismus der Renaissance, eher auf Nahrungsmittel als auf alchimistische Mixturen, eher auf den Kessel und die Pfanne als auf den Brennkolben zurückzugreifen. Die Küche steht über der »Offizin«, der Koch über dem Apotheker. Aber seit Ende des 16. Jahrhunderts und weiter während des 17. Jahrhunderts überwiegen tendenziell die Erzeugnisse aus der Retorte, dem Wasserbad, der Destillation, kurz die »Arzneien«, vor allem die durch Zersetzungsprozesse gewonnenen, und die »Auszüge«, die aus »gezeichneten« Kräutern destilliert werden (gemäß der von Oswaldus Crollius in der *Basylica chimica* erläuterten Theorie der »signaturae«), vor den Kräften und den Eigenschaften der Nahrungsmittel. Der »Auszug oder die Essenz von Knabenkrautwurzeln«, wie er im *Teatro farmaceutico dogmatico e spagirico*[10] des neapolitanischen Barons Giuseppe Donzelli (1596-1670) – sicherlich der bekannteste italienische pharmakologische Thesaurus des 17. Jahrhunderts – als barocke Variante des alten »Diasatyrion Mesue«[11] beschrieben ist, wird nicht nur aus pharmakologisch-therapeutischen Gründen empfohlen, sondern auch wegen der magischen Beziehung zwischen der Form der Wurzeln dieser Pflanze mit dem Namen Bockshoden (testicoli di volpe), dem *satyrium hircinum,* und der Gestalt des menschlichen Körpers. Deswegen sollten auch die »dickeren, saftigeren und volleren« Wurzeln genommen werden. (Die Volksetymologie verwechselt zuweilen die verschiedenen Arten und Gattungen der Orchideengewächse. Hier ist mit »Satyrion« nach Linné immer Orchis = Knabenkraut gemeint. D.Ü.).

Crollius sagt: »Ein wunderbares Kennzeichen beinahe aller äußeren Glieder des ganzen Körper und beiderlei Geschlechts wird in diesen Wurzeln mit verschiedenen Arten erfaßt.« Und ich habe eine Art solcher Pflanzen beobachtet, die eine Blüte in der Zeichnung eines nackten Mannes hervorbringt. Daher kann man vernünftigerweise das vermuten, was eben Crollius sagt: »Deshalb glaubt man nicht zu Unrecht, daß sie auch den ganzen Menschen stärke.«[12]

Große Stärkung scheint diese Wurzel-Latwerge geboten zu haben, die durch eine gute Dosis »Niederschlag von [orientalischen] Perlen«, Zimtöl, Maisblüten und Muskatnüssen angereichert wurde.

Dieser Auszug ist eines der größten Stärkungsmittel, das man dem menschlichen Körper angedeihen lassen kann. Und daher sagt Hartmannus [= Johann Hartmann] zu Recht, man zähle ihn zu den spezifischen Stärkungsmitteln. Denn er ist für die Stärkung beim Geschlechtsverkehr eine der prädestinierten Arzeneien, die man diesbezüglich finden kann. Und daher ist er für die Kalten und Verzauberten von großem Nutzen. Den Alten gibt er gleicherweise die eingebüßte Männlichkeit zurück.[13]

Die Kalten, die Alten, aber auch die Verzauberten wurden dadurch großzügig mit Wohltaten bedacht. Diese Latwerge eignete sich – Zeichen der Zeit – in doppelter Weise: zur Befreiung von Impotenz sowie gleichzeitig von der verderblichen Macht, die sich heimtückisch im Körper eingenistet hatte, der kalt und gefühllos geworden war. Die Rache von Priapos, wie sie Petronius erinnerte, wandelt sich zur Priapos-Verzauberung, jener Verhexung, die das Glied steif werden läßt.

Unter den Großen und Mächtigen kursierte ein an den Höfen weit verbreitetes Stärkungsmittel. Es war »verbesserte Ambra, die oft vom Kaiser Rudolf verwendet wurde, dessen Zusammensetzung er von der Königin Elisabeth von England habe, wie man sagt.«[14] Seltsam ist nur, daß die jungfräuliche Königin (sie war es wegen eines Gebrechens ihrer »Natur«, nicht aus irgendeiner Berufung; sie soll sogar, wenn man den versammelten Boshaftigkeiten von Brantôme glaubt, sich begeistert »unnatürlichen« Freuden hingegeben haben) ein derartiges Rezept an die europäischen Höfe geschickt haben soll, um die Probleme von Kollegen in sexueller Not zu lindern.

Es soll aus reiner grauer Ambra, Bisam von erster Qualität und Puderzucker zusammengesetzt sein und soll, wenn man es mit »destilliertem Rosenwasser« trinkt, »das beste Stärkungsmittel für die Eingeweide sein und vor allem die Kraft zur Zeugung steigern«[15].

Moschus und Ambra also. Das 17. Jahrhundert riecht geradezu nach diesen in der Nase beißenden Essenzen mit den unerschöpflichen Kräften.

Der Moschus... stärkt das Gehirn und ist förderlich gegen chronisches Kopfweh, das vom Phlegma herkommt. Es stärkt alle Eingeweide des Körpers und hilft besonders dem Herzen, indem es dieses von allen seinen Leiden befreit; wenn man die Genitalien mit dem Öl einer Hindin einreibt, regt es zum Beischlaf an, da es stark eindringt. Es läßt auch die anderen Zutaten in die entlegendsten Bereiche unseres Körpers eindringen...[16] Die Ambra stärkt das Gehirn und das Herz, kräftigt die schwachen Glieder, schärft den Verstand und belebt die Empfindungen. Sie hellt die Erinnerung auf, ermuntert die Schwermütigen, befreit die Gebärmutter; ihr Duft hilft bei Krämpfen, Lähmungen und Fallsucht. Sie verbessert die verpestete Luft und ist von großem Nutzen für die Alten und die von Natur her Frigiden.[17]

Ambra und Moschus wurden zerstampft in die Speisen gegeben, wurden in Wein aufgelöst, man schnupperte daran, man destillierte sie zu Parfümen, mischte sie unter Salben, löste sie in Ölen auf. Küche, Apotheke und Parfümeric arbeiteten sehr eng zusammen, um zu stärken und wiederzubeleben, um Vergnügen und Gesundheit zu geben, um die Sinne (die »Empfindungen«) zu schärfen, um das Hirn reger und empfänglicher zu machen und das Herz zu erfreuen. Sinnlichkeit und Intellekt waren eng verbunden. Die Empfindsamkeit, die durch die Feinheit der Aromen noch gesteigert wurde, wandelte sich in Schärfe des Geistes.

Die Öle und die Gallerten, die man von Hähnen, Truthähnen, Perlhühnern, Hennen, Kapaunen (vorzüglich den »mit Ottern gemästeten«)[18], den Rebhühnern (deren Fleisch »das Sperma und die Milch vermehrt und den Liebestrieb anregt«)[19], Tauben, Turteltauben, Wachteln, Drosseln, Spatzen und Amseln gewann, nährten, belebten und heilten. Sie wurden »je nach Geschmack mit den Aromen, die man diesbezüglich für den Schwachen fand« angereichert[20]. Karaffen, Retorten, Kolben und Töpfe waren ständig auf dem Feuer, um Federvieh, Vierfüßler, Fische und Kriechtiere mit Nelkenöl, Zimt, Muskatnüssen, Maisblüten, Anis und Pfeffer zu destillieren. Alchimie und Kochkunst koexistierten innerhalb derselben magischen Sphäre, und aus dem gleichen Rauchfang zog der Rauch ab, der Leben, Sinnlichkeit und Empfindsamkeit erzeugen und zugleich Lebenskraft, Geschlechtstrieb und Zeugungskraft steigern sollte.

Das Geschlecht des Hirsches ist sehr gut, um die Liebesbegierde zu wecken und ist hilfreich bei kolikartigen Schmerzen und bei Ruhranfällen. Man koche es in Kerbelwasser, ohne es zu waschen, und lasse es kochen, bis es sich auflöst. Dann siebe man warm die Brühe durch und lasse es dann kalt werden. Wenn es die Liebesbegierde anregen soll, würze man es mit geeigneten Dingen.[21]

Aufgetischt wurden also Kämme und Hoden (»granelli«) von Junghähnen, Stierhoden, Spatzenhirne und Geschlechtsteile vom Hirsch. Die Hirsche galten als Symbol aggressiver Vitalität und ruheloser Lüsternheit, ungezähmter und roher Bestialität. Sie waren »so unbändig bei der Paarung, daß sie oft die Hindinnen zu Boden werfen, ja in die Flucht schlagen, weil sie die übermächtige Härte ihrer Rute nicht ertragen können, und sie so im Laufen und Rennen schwängern. Und er begnügt sich nicht mit einer Hirschkuh, sondern besteigt – gleichwie der Ziegenbock die Ziegen – in kurzer Zeit viele...«[22]

Die Pharmazie für Aphrodisiaka im 17. Jahrhundert erfreute sich an prunkvollen Rezepten, die ebenso überladen und ausgeweitet wurden wie die vielfältigen Räume der Barockkirchen. Das Gefallen an der Anhäufung und an der Auflistung, am Ineinandergeschlungenen und an der Destillation vermischte sich mit dem Interesse am Exotischen, am Fremden, am Negromantischen. So war der Weg frei für komplizierte, vielseitig verwendbare Rezepte, für einen breiten Handlungsspielraum, für phantastisch ausgedehnte Sammelsurien, wo die Impotenz und die Verzauberung, die Senilität und die Erschöpfung, der Kräfteverlust und der Verfall der Begierde ihrem vertilgenden Erzengel hätten begegnen müssen. So war das *elixir nobilissimo per la Venere* (alleredelstes Liebeselixier) des Antonio de Sgobbis da Montagnana beschaffen, der »Mitarbeiter in der päpstlichen pharmazeutischen Offizin des Allerheiligsten Vaters Urban VIII. mit eigener Rezeptur« [di F.M. = formula magistralis = mit der Magistralformel, d.Ü.] gewesen war, bevor er »Apotheker im Zeichen des Straußen« wurde. Dieser Apotheker verkaufte in ganz Europa sein »wegen seiner sehr großen Wirksamkeit bei der Stärkung der Genitalien kostbares« Elixier. »Es regt die Liebesbegierde (Venere) kräftig an, vermehrt den Samen, macht ihn befruchtungsfähig und steigert die männliche Kraft. Es ist ein großartiges Stärkungsmittel für den ganzen Körper; es regt wunderbarerweise die sexuelle Lust (Venere) an und vertreibt die Liebeskälte. Es ist ein besonderes und sehr geschätztes Heilmittel gegen die Impotenz der Alten und der Verhexten. Es beseitigt die Blödheit und frigide Unpäßlichkeiten von Nieren und Blase, richtet die durch Kopulationsexzesse Geschwächten wieder her und hilft den Genesenden zu einem glücklichen Ausgang. Es wurde und wird nicht selten bei mir nachgefragt von seiten verschiedener Persönlichkeiten aus Deutschland, Frankreich und anderen Ländern.«

Ingwer, langer Pfeffer, Zimt, Muskatnuß, Muskatblüten, Nelken, grüner Kubebenpfeffer, kleiner Kardamom, Brennesselsamen, Raukensamen, Eschensamen, frische Pistazien, Weingeist, Malvasierwein, Wacholderessenz. Alles soll man grob zermahlen und fünf Tage lang in gut geschlossenen Glasgefäßen mit Weingeist tränken. Dann mache man die Emulsion mit den Pistazien und der Wacholderessenz, und mit besagtem Aufguß vermische man alles bestens; man destilliere es im Wasserbad, bis es trocken ist. In die destillierte Flüssigkeit schütte man frische, feste, in drei oder vier Stücke geschnittene Knabenkrautwurzel, Küchenzwiebeln und frisch in grobe Stücke geschnittene Krokusknolle. In Scheiben geschnittene Wurzel von der Mannstreu, Hoden von Junghähnen, Skinke, Spatzenhirne und Mark von der Malabarnuß. Man setze dies als Aufguß in einem Destillierkolben an... und füge graue Ambra, destilliertes Zimtöl, Wacholderrinde und fein zermahlenen weißen Zucker hinzu. Man reibe den Mörser und den Stößel mit einigen Tropfen Öl ein. Dann zerstoße man die Ambra und füge nach und nach alle Öle hinzu, damit die Ambra gut aufgelöst ist. Zum Schluß füge man Zucker hinzu; und diese Mischung soll dann mit Elixier vermischt werden, das mit Sirup aus Kermeskörnern [grani di kermes = ausgepreßte Kermesschildläuse] gesüßt und mit Muskatnuß und Ingwer gewürzt werden kann.[23]

Die Chemie des Barock stand sowohl im Dienste der Helden, die im Feld ihre Schlachten schlugen, als auch jener Krieger der weniger gefährlichen, aber nicht weniger ermüdenden Schlachten des Bettes. Neben dem »Wasser der Hochherzigkeit« (oder: *balsamus magnanimitatis*), das »die Kämpfer stark und kräftig« machte und »mit dem Kaiser Maximilian I., wenn er es getrunken hätte, sicher die Gegner im Kampf besiegte«,[24] gab es das »wunderbare Wasser, das die Begierde weckte« (»Wurzel vom Eberwurz und gelbe Veilchenblüten, die in einem Glaskolben destilliert werden«).

Es kamen dann die »Stärkungsplättchen für den Beischlaf« (mit diesem Ausdruck bezeichnete man verschiedene Formen von »festen Konfekten, die man aus Zuckersirup, etwas destilliertem Likör und Pulvern machte«[25]) oder die »Pillen zur Unterstützung des Koitus«, die für ausgezeichnete Helfer bei der Liturgie der Begattung gehalten wurden. Dabei fehlte nicht, um das weltliche Offizium zu komplettieren, eine Prise Weihrauch.

Man nehme jeweils eineinhalb Unzen frische weiße Zwiebeln, frische Wurzeln vom Geilwurz, jedoch solche, die nicht schlaff sind; eine Unze Spatzenhirne; jeweils eine halbe Unze besten Weihrauch und Zimt. Die Zwiebel und den Geilwurz zerstoße man, so daß sie zu einem Teig werden. Dann gebe man sie durch ein Sieb zusammen mit den Spatzenhirnen, und zum abgeseihten Fleisch füge man das sehr feine Weihrauch- und Zimtpulver. Daraus forme man eine Masse, aus der man Pillen in der Größe einer Erbse mache. Wenn man davon bis zu sieben verabreicht und dazu ein Glas edlen Wein trinken läßt, befördern sie wunderbar den Beischlaf und stärken die Geschlechtsteile.[26]

Besonders verdient machte sich das »Sadebaumwasser«.

Von ihm trinkt man beim Ins-Bett-Gehen zwei oder drei Unzen und ißt vorher ein wenig von den Tabletten aus Bibergeil, Geilwurz und mit destilliertem Zimtöl gewürztem Zucker. Man wird die Erfahrung machen, daß man beim Beischlaf so gestärkt wird, daß es *selbst tote Geschlechtsteile wieder zum Leben erwecken soll.*[27]

Bei so vielen Stärkungs- und Instandsetzungsmitteln scheint in der Pharmazie des 17. Jahrhunderts jede Spur eines nordafrikanischen Krauts verloren gegangen und jede Erinnerung daran verblichen zu sein, das von so außergewöhnlicher Kraft gewesen sein soll, daß es Jungfrauen, die sich unabsichtlich darauf setzten oder es irrtümlich mit Urin bespritzten, zur Defloration brachte. So hatte der italienische Arzt und Humanist Giulio Cesare Scaligero (1484-1558), der Gegner des Erasmus von Rotterdam und Freund von Girolamo Cardano war, geschrieben:

Auf der Westseite des Atlasgebirges, die von den Einwohnern *Surnag* genannt wird, gibt es eine Wurzel, die beim Essen die Liebesbegierde steigert und sie wunderbar verlängert und stärkt. Daher sagen sie: wenn darüber jemand Urin abgibt, bei dem schwillt die Begierde an. Wenn Jungfrauen auf der Weide sind und sich darauf setzen oder darüber Harn lassen, platzt ihnen die Jungfernhaut, wie wenn sie von einem Mann entjungfert worden wären.[28]

Die erstaunliche phallische Kraft dieser *Surnag radix* (Wurzel aus Surnag) hatte eine weitere Bestätigung in der *Africae descriptio* von Johann Leo, Africanus, gefunden, der ihre unglaubliche Kraft und außergewöhnlichen Schwellkräfte hervorhob.

Surnag ist ebenfalls eine Wurzel, die auf der Westseite des Atlas wächst. Man sagt hier, sie stärke das männliche Glied und mache zum Beischlaf tüchtig, wenn man sie als Latwerge genieße. Man erzählt auch, der Penis versteife sich sogleich, wenn einer zufälligerweise Harn auf die Wurzel gelassen habe. Ich will auch nicht verschweigen, was alle Bewohner des Atlas-Gebirges behaupten, daß viele Mädchen, die dort Vieh hüten, allein durch das Harnen auf besagte Wurzel ihre Jungfernschaft verloren hätten. Ich antwortete ihnen darauf im Scherz, ich glaubte gern, was sie von dieser Wurzel berichteten, und überdies glaubte ich, viele Mädchen seien dadurch so sehr vergiftet worden, daß nicht allein ihre Jungfräulichkeit verlorengegangen, sondern außerdem ihr ganzer Leib angeschwollen wäre.[29]

Daß die Pharmakologen des 17. Jahrhunderts ihm wenig Aufmerksamkeit schenkten, kann teilweise mit der Ungewißheit, diese unfaßbare Wurzel zu finden, erklärt werden, aber auch mit dem nachlassenden Interesse an Afrika, das nach der Entdeckung der Neuen Welt tendenziell aus der Vorstellungswelt Europas (und seiner Handelslinien) verschwindet. Diese ständige Aufmerksamkeit für den Osten, die im unablässigen Erfolg des Westens ihr Gegenstück hatte, ging Hand in Hand mit dem Verlust an Attraktivität des Schwarzen Kontinents. Dies wurde später auch von Francesco Algarotti vermerkt, der »die Vernachlässigung Afrikas durch die Europäer im Vergleich zu Amerika und Asien«[30] tadelte. Die Europäer waren geblendet von dem Reichtum des pflanzlichen *Thesaurus mexicanus,* von den neuen erstaunlichen »Heilkräutern«, dem Tabak, dem Chinabaum, dem Guajakbaum, der Koka-Pflanze, dem Piment. Sie waren entzückt vom Kakao, von dem man sich erzählte, er könne, richtig behandelt, ausgezeichnete aphrodisische Auftriebe spenden. »Francesco Hernandez«, betonte Mitte des 17. Jahrhunderts der Pharmakologe und Baron aus Neapel, Giuseppe Donzelli, »berichtet, die Indianer pflegten aus dem Kakao verschiedene Getränke zu machen. Einige Heilpflanzen dienen anstelle von Wein, und andere Kompotte dienen dazu, die Liebesbegierden anzustacheln und den Leib zu füllen.«[31]

Von Afrika dagegen sickerten aus den Äußerungen der Händler und Reisenden Nachrichten durch, die nicht massenhaft das Interesse der doch sehr für diese Dinge empfänglichen Europäer an sich ziehen konnte. Das »Saccuè-Holz, das gemeinhin Guinea-Zimtrinde genannt wird«, konnte, obwohl seine »Kraft für wunderbar gehalten wurde, um einen kühn und stark bei den Diensten an den Frauen zu machen, weshalb es bei Schwarzen sehr großen Absatz hat und den ganzen Tag über gegessen wird«[32], kaum den Handel mit dem Süden steigern. Auch die Entdeckung einer Frucht, die die Eingeborenen *cola* nannten und die mit einer besonderen Kraft versehen war, konnte die Interesselosigkeit der Europäer an Afrika nicht erschüttern. Darüber berichtete 1667 Lorenzo Magalotti von Amsterdam aus:

Diese bringt ein kleiner Baum hervor, und ist ziemlich ähnlich einem Granatapfel, mit mehr oder weniger Nüssen je nach der Stärke der Pflanze. Es gibt davon weiße und rote, aber die ersteren werden mehr geschätzt. Ihr Geschmack ist bitter und wild wie die bittere Mispel, und die ganze Hochschätzung dieser Frucht kommt von der Meinung her, sie sei wassertreibend und ein wunderbares Nahrungsmittel. Und tatsächlich sagen sie – es sei wahr oder Einbildung –, daß es ein Mohr mit einer dieser Nüsse wahrhaftig einen ganzen Tag ohne Speise aushalte und dabei schwer arbeite.[33]

Diese Pflanze, aus deren Samen man stimulierende und belebende Alkaloide extrahiert, ähnlich (wenn auch in geringerem Ausmaß) der Koka-Pflanze in den Anden, nahm tatsächlich den Weg ins Karibische Meer und wurde vor allem in der Bucht von San Domingo oder Haiti ausgeschifft, »um die Sklaven auf den Beinen zu halten«.[34]

Ein seltsames Schicksal hatten die heiligen Pflanzen wie der Kola-Baum oder die Koka-Pflanze, die den Göttern des Überlebens teuer waren und den Ausgebeuteten großzügigen Beistand leisteten, um sie den pochenden Hunger vergessen zu lassen. In Kuba »gab es ein seltsames und schreckliches Fasten, das einige, in erster Linie die *behíques* oder Priester oder Zauberer, hielten. Sie fasteten vier Monate durchgehend und noch mehr, ohne etwas zu essen außer lediglich einem gewissen Saft aus einem Kraut oder aus Kräutern, der lediglich ausreichte, um sie auf den Beinen zu halten, damit sie nicht stürben... Und dies ist dasselbige *coca,* das in den Provinzen von Peru so sehr geschätzt wird. Wenn sie dann durch dieses sehr strenge Fasten, das sie an den Rand des Todes brachte, kasteit und zermartert waren, dann seien sie, sage man, bereit und würdig, daß ihnen *Cemì* erscheine und sein Gesicht zeige, welcher niemand anders sein konnte als der Teufel...«[35]

Heute sind *coca* und *cola* fest im Namen verbunden und desakralisiert durch die Getränkeindustrie; dabei sollten sie ursprünglich einmal den Hunger stillen. Anstatt von *Cemì* oder Satan erscheinen andere monströse und diabolische Visionen, vielleicht in Gestalt vergötzter und aufgemotzter japanischer Motorräder, jenen barbarischen Gottheiten, die in den jugendlichen Devotionalienkulten beweihräuchert werden.

6

# Die »lüsterne Betriebsamkeit«

Von der Göttin der Mäßigung schien sich jede Spur verloren zu haben. Einsam klagend erhob sie die Stimme wie eine, die ihre unwahrscheinliche Rückkehr in eine Welt erfleht, die »entlang dieser und jener Grenzen / fremdartige Speisen sucht / und dabei elend, tierisch und schmutzig geworden ist«[1]:

> Kehr wieder, Freigebige, kehr wieder,
> Ach, kehr wieder, hohe Göttin,
> Mit deinem lebendigen Licht
> Und tu' auf die Nacht der Welt und mach' sie taghell.
> Mache gesund und geschmückt
> Das Leben, das die maßlose Speise überlädt
> Mit gebrechlichen und unreinen Bälgen.
> Dämpfe, ich bitt dich, jetzt unsere Begierden.
> Und nimm mit dem Fasten von uns den Dunst,
> Der uns den Verstand umschattet.[2]

Die »Hymne oder Ode an die Mäßigung« des Lateran-Regularkanonikers Gabriele Fiamma (gestorben 1587) blieb – unnötig zu sagen – unerhört. Der finstere Schatten des Fastens breitete sich keineswegs über die bürgerliche Gesellschaft aus.

Auch der einfache und strenge Verweis auf die urtümliche Lebenshaltung im Goldenen Zeitalter hatte natürlich keinen größeren Erfolg. Er blieb ein mythologisches Trugbild, ein abstrakter, rein literarischer Bezugspunkt, ein wehmütiges und elegisches Getue, eine archäologische Fälschung, die von feinen Geistern mit einem übermäßig genährten Leib kultiviert wurde. Es war eine Fiktion und ein Spiel, die auch bei den höfischen Versteckspielen keinen großen Erfolg hatten.

Die »verderbte Natur«, die »Vielfalt an Launen und Begierden der Männer«, die »rein fleischlichen Regungen der Begierde«, die unwiderstehliche Versuchung der Unzucht (in allen ihren Formen), das »Geschmäcklertum und die Hypochondrie des Halses«, die »wählerische Neugier« der Damen wirkten wie eine unüberwindbare Schutzimpfung gegen die Wiederkehr der mythischen Einfachheit der Sitten und Gebräuche. Niemand wollte zurückfallen ins Zeitalter der Milch und der Eicheln, niemand wollte zugegen sein beim Wiedererstehen »jenes Zeitalters, das sich jeder weit weg wünscht und dessen Rückkehr keiner will«[3].

Das trat mit aller Deutlichkeit während eines höfischen Festes zutage, das in den Gärten der Medici, vielleicht unter Ferdinand II. stattfand. Magalotti schrieb 1682 dazu:

Ich kann Euch zu Eurer Unterrichtung sagen, daß man in Florenz vor vielen Jahren folgende Erfahrung gemacht hat. Es war bei einem Unterhaltungsspiel von Damen und Rittern, die sich in zwei Gruppen aufteilten. Die eine sollte das Goldene Zeitalter und die andere das Eiserne Zeitalter darstellen. Die Veranstaltung fand eines Sommerabends in einem Garten statt, wo die Akteure in Masken gekleidet erschienen, mit all den Begleiterscheinungen, die Ihr Euch denken könnt. Nach der Musik und dem Tanz ging man zu Tisch. Das Eiserne Zeitalter mit allem Prunk an Kredenzen, Weinen und Speisen; das Goldene Zeitalter mit dem Kräuterbukett von größter Schlichtheit. Aber auch dieses war nicht völlig losgelöst von jener Ritterlichkeit, mit der es dem Tischmeister gut dünkte, über die Etikette eines Goldenen Zeitalters befinden zu können, das sich dem Beginn von Verderbtheit zuneigt. Kurz und gut, nach der ersten Szene, die sehr kurz war, taten diejenigen des Goldenen Zeitalters gut daran, diejenigen des Eisernen Zeitalters aufzusuchen.[4]

Das scharenweise Überlaufen zu den prunkvollen Tafeln des Eisernen Zeitalters, wie es sich während des höfischen Festes im 17. Jahrhundert abspielte, würde sich auch heute schnell und spontan wiederholen. Und unter den ersten, die angelaufen kämen, wären gerade die seufzenden Seelen all derer, die den zügellosen Konsum unseres undefinierbaren, von Saturierung und Überfluß gekennzeichneten Zeitalters beklagen, verfluchen und brandmarken.

Das Loblied auf »jenes Goldene Zeitalter« war nur als akademische Unterhaltung, als gemäßigte Variante in seinem »rohen, aber köstlichen Pomp« bei den feierlichen und kolossalen Festmählern zu erheben, die die *Accademia della Crusca* in Florenz mit reichlichem Prunk ihren Akademikern in Perücke zubereitete. Diese waren zutiefst darüber glücklich, sich im Eisernen Zeitalter zu befinden, das nicht zufällig von Noah eröffnet wurde, der nach so viel Wassergüssen den Wein erfunden hatte. Als Evangelista Torricelli (1606-1647) in einer Sitzung der Akademie zu Florenz, die wieder einmal das Thema der paradiesischen Reinheit aufgriff, das Wort nahm, wetterte er gegen die »verkehrte Welt«, die »Schamlosigkeit, das heißt den Geier der Seelen und die Hölle der Herzen«, gegen die »Brunst jener Begierden, die in der heutigen Welt jede Nation tyrannisieren und jedes Geschlecht und Alter verderben«, gegen die »Schanden des Lebens und den Greuel der Begierde« und pries die »Mäßigung«, die »Sparsamkeit«, die »Tänze, jedoch ohne Unzüchtigkeiten«, die »Schauspiele, jedoch ohne Leidenschaften«. Aber der allererste, der diesen Worten nicht glaubte, war er selbst, der angeregte Erfinder des Barometers und unvergleichliche Virtuose des geblasenen Glases.

Seine Verwünschungen der »so vielen Formen von Begierde, Ausschweifung und Sinnlichkeit« waren reine akademische Faselei, seine Denunziation der »lüsternen Betriebsamkeit« und des »Scharfsinns der erfinderischen Schlünde«, eine glänzende rhetorische Übung. Ebenso stand es mit der spielerisch-ernsten Beschimpfung gegen die verbrecherischen Hände, die im Dienst des Bauches, »jenes Schlundes oder vielmehr bodenlosen Abgrunds«, bis unter die Erde hinabgruben, um »gepflegtere Speisen aufzuspüren«. Das heißt, um Trüffeln zu suchen.

An den schroffesten Felsklippen des Apennin, der von Norcia abfällt, sind die unterirdischen Früchte des unglücklichsten Landes nicht sicher gewesen. Was nützte es der scharfsinnigen Natur, diese Mißgestalten des Lichts zu berauben und sie in den zerfallenden Alpen zu vergraben? Es sind Früchte, die ebenso den Tieren angemessen sind, die sie finden, wie für die Mäuler, die sie begehren. Es sind Früchte, die nur wachsen, wenn der erzürnte Himmel grollt. Doch hört:

> et facient optata tonitrua caenas
> majiores. (und noch größere Mähler halten sie, wenn
> sie den Donner herbeigewünscht haben)

Wird sich also die Verkommenheit des Jahrhunderts dahin erstrecken, einen Blitz herbeizuwünschen, um eine Speise wachsen zu lassen, und wird sie ein Gewitter erflehen, um eine Ausschweifung zu befördern? Seien doch weit weg von uns und unseren unschuldigen Tischen solch verseuchte und unwürdige Früchte, die nur vergraben wachsen und nur Abgründe bewohnen als Kinder der unfruchtbaren Erde, Mißgestalten der Unfruchtbarkeit, Zwillinge von Blitzen, Väter von Wollust. Aber wer würde, meine Hörer, je die ungeheuerlichen Erfindungen der Kunst des Würzens von Speisen und der unflätigen Mischung der Speisen glauben? Dem Prunk der Kennerkehlen gefallen nicht mehr die Erzeugnisse der Natur, sondern die Ungeheuer. Daher kommt es, daß man nicht den natürlichen Geschmack der Dinge schätzt, sondern nur den veränderten und durcheinandergebrachten. Nicht mehr ergötzt man sich am Fleisch der delikatesten Tiere, es sei denn, es wird durch verdrießliche Soßen aus den derbsten und unappetitlichsten Früchten verändert. War es vielleicht eine geringere Kränkung, daß die Molukken im Osten mit soviel Handelsware jede Speise im geschmäcklerischen Europa mit feurigen Aromen ansteckten? Eine neue Geschäftigkeit, ja neue Torheit verwirrte die Ordnung der Sinne und verwaltete je nach Geschmack die Tribute an den Geruchssinn;

und nachdem die Speisen mit den Würzen vermischt sind, verwandelte sie die wertvollsten aller Wohlgerüche in Speise.[5]

Wenn Europa bereits für die Forscher aus der Generation von Galilei »geschmäcklerisch« erschien, dann wurde das »Geschmäcklertum der Geister dieses Jahrhunderts« im Zeitalter von Magalotti »unbefriedigbar«. Damals wurde das »geschmäcklerische moderne Küchenmeistertum« noch subtiler und lüsterner nach »fremdländischen« Genüssen, nach »eingebildeter Annehmlichkeit«, nach allen »verschiedenen Arten von Glückseligkeiten, die den Geist dessen, der sie ißt, erregen«. Dies vollzog sich in der Vorstellungswelt und den »geistigen Verlustierungen« der »mythischen Leckerbissen«. Man war darauf aus, »aus den materiellen Gegenständen mit Hilfe der Sinnesorgane geistige Genüsse des Verstandes« zu destillieren, so wie die »rein tierischen Regungen der Begierde auch ohne die Anwesenheit des Gegenstandes und oft durch die Gespenster und noch mehr durchs Denken und beim Schlaf erregt werden«.

So dachte der sehr anspruchsvolle Magalotti, daß sich der »gute Geschmack« zwar in der Natur, in der Sache oder Substanz an sich findet, die wahre »Wonne« jedoch nicht daher kommt, was man ißt oder trinkt, und was noch eigenartiger ist, auch nicht durch das »körperliche Organ«. Die wahre Wonne ist ein »Vernunftwesen«, eine Vorstellung der einfühlsamen Seele, die sich »auf Glauben hin« verliebt, »... bevor die Art des Geschmacks in seinem natürlichen Dasein sie anrühren kann«. Es ist eine geistige Vorstellung, die »sich weder in den materiellen Speisen befinden kann, noch sich durch die äußeren Sinne übertragen kann«. Es handelt sich um mystisch-platonische Naschhaftigkeit, die bei einem »Hieroglyphenalphabet« angelangt war, das vom »geschmäcklerischen modernen Küchenmeistertum« übernommen worden ist, um ihre Adepten in die »wollüstige Liturgie« des unersättlichen und unruhigen Genius des Jahrhunderts einzuführen: »über der Flamme einer Wachskerze geröstete Drosselbeine, aufgespaltene und auf dem Bratrost angebratene Waldschnepfenköpfe, rohe Austern, junge Hörner vom Damhirsch, Bärentatzen, Schwalbennester von Kotchinchina, Tee, Kaffee, Ketchup, Katechu« sowie die »geheimnisvollen Eissorten aus trinkbaren Blüten und Früchten«, die in den »vergoldeten Eismaschinen« eingelagert sind.

Die keusche Mäßigung des Goldenen Zeitalters und die blutleeren Hirtenzeremonielle waren nur gelehrte Vorwände, um verhaßte Diäten und tugendhafte, jungfräuliche Ernährungsweisen zu verhöhnen. Die Lämmer und die ganze Schäfersherde wurden nur deshalb liebevoll betrachtet, weil ihre Hoden oder Testikel dazu dienten, gehaltvolle und kräftige Omeletts zuzubereiten. Als das Mitglied der *Accademia dell' Arcadia* Lindoro Elateo (alias Lorenzo Magalotti) das Hirtenmädchen Nise, Dichtergestalt der Arkadia, zum Imbiß einlud, versprach er ihr,

> um den Hunger zu stillen, eine gebratene Herde
> Von tausend Lämmern mit verkümmerten Samen,
> Ganz jung getötet in ausgehöhltem Kupfer.[6]

Es handelte sich also um ein riesiges Omelett aus Lämmerhoden, das mit »spanischem Muskatellerwein« besprengt wurde.

Als unverbesserliche Fleischfresser beteten die Akademiker von Florenz das Fleisch an. Und als der ernste, schwermütige Unvollkommene, der Prior Orazio Ricasoli Rucellai, ein gestrenger Interpret des *Timaios* von Platon, eines Tages aufs »Katheder« sprang, um das »Loblied des Vogels« zu singen und dabei verschmitzt und zweideutig zwischen Wildbret und männlichem Glied hin- und herspielte, stimmte der Kanoniker Lorenzo Panciatichi seinerseits nach einer »unmäßigen Esserei« sein bevorzugtes Hirtenlied an, einen gelehrten Wortschwall über Omeletts aus Hoden, und belustigte sich daran, spaßeshalber den Mythos der goldenen Mäßigung zu zerpflücken.

Glaubt ihr, daß zur Zeit von Saturn, also dem Goldenen Zeitalter, als das Leben so billig war, daß man für einen Kreuzer vierzig Armbrustkugeln und einige Tropfen Destillierwasser gegen Taranteln kaufen konnte, diese so gepriesenen Eicheln wirklich Eicheln oder Hoden waren? Ich meinerseits halte es für eine mehr als eiweißklare Sache, daß wenn die Eicheln als solche benutzt worden wären, es nicht ein Goldenes, sondern ein Schweinernes Zeitalter gewesen wäre. Und da jeder gierig ist nach Hoden, fragte ich Bartolomeo Coleonico, dessen Haus eine Vereinigung von Hoden ist und der drei davon zu Waffen machte, fragte ich Angiolo Morosino, was er für ein größeres Glück hätte haben können, und er antwortete: »Durch die Metzgereien zu gehen und nicht gekauft zu werden und durch die Schänken zu gehen und nicht gebraten zu werden.« Was das Goldene Zeitalter anbetrifft, von dem man eben sprach, glaube ich unzweifelhaft, daß man unter die Hoden vergoldetes Brot mischt zum Zeugnis des Goldenen Zeitalters. Und daß diese Eicheln Hoden seien, läßt mich die Geschichte glauben, die ich vorhin über Saturn sagte, ebenso wie ich weiß, daß die Lateiner sie glandule nannten. Daher sagte jener Deutsche in der Schänke, als er Hoden wollte: *date nobis de glandulis generatoriis, quia nos cupimus regenerari* (gebt uns Eicheln zum Zeugen, weil wir uns wiedergebären müssen). Und zum Beweis, daß es eine sehr angemessene Nahrung ist, sagt man, die Argonauten seien nach Kolchis gegangen, um die bevorzugten Hoden des Goldenen Kastron zu braten und zu essen, weil sie ansonsten die Haut und die Hörner überall finden konnten, wovon es in keinem Land mangelt...«[7]

In diesem »verderbten Zeitalter« herrschte das »Laster des Gaumens« unumschränkt, ebenso wie die anderen unersättlichen Sinne, die Tür und Tor jeder Unzucht öffnen.

Wenn die aus dem Gleichgewicht gekommene Seele an die Außenbezirke des Körpers strömt, gibt sie ihr inneres Versteck auf und offenbart ihre von der Welt entfernten Geheimnisse.

Eure Seele selbst geht über den Mittelpunkt hinaus,
Macht sich an den Fenstern zu schaffen und ruft
Auf der Schwelle die Laster: *ohe, kommt herein.*
Die äußeren Sinne sind hereingekommen,
Und für jeden ihrer Schritte ist heute
Die Tür unbewacht und aufgesperrt.
Ja, der Mensch ruft die Feinde und bestärkt sie,
ihn zu bestürmen und führt in der eigenen Burg
Waffen und Verpflegung für sie.
Er richtet Hände, Augen, Nase, Ohren und Mund dazu her,
Dem Laster zu dienen. Alles ist Ausschweifung,
Was er hört, sieht, schmeckt, riecht und berührt.[8]

In der Satire *Contro la lussuria* (Gegen die Ausschweifung), einer Schelte der *fünf Empfindungen des Körpers* macht Lorenzo Azzolino (1583 in Fermo geboren und 1632 als Kardinal gestorben) den vielfältigen Formen von Verderbtheit, die von dem perversen Gebrauch der Sinne genährt werden, einen Prozeß in Reimform.

In den Augen dieses bestürzten Predigers in Terzinen erschien die Zersetzung allgemein.

Heute liegt die Erde
in ein Meer von Ausschweifung eingetaucht da.
Nicht mehr in Lydien und in Sybaris ist eingesperrt
Dieses unausrottbare Ungeheuer. Die Welt sündigt
Von den indischen Molukken bis nach England.
Überall ist die Blume der Keuschheit verwelkt.
Und das fromme Europa erscheint
darin gleich wie das lügenhafte Mekka.

Im »jetzt gekrümmt und darniederliegenden Jahrhundert« spielt sich die »kindische Venus« als schamlose Herrin auf. An dieser Stelle dachte der untröstliche Prälat über die allgemeine Ausschweifung nach, wie sie sich in der Verderbtheit des Greisenalters widerspiegelt.

Selbst die Alten,
die kälter sind als Tithonos, leben verloren
In der eitlen Bemühung um unfruchtbare Umarmungen.

Die »heutigen schändlichen Exzesse«, ja der »Unrat«, rührten von verrenkten und verseuchten Vorstellungen, von Erregungen und Gärungen im Hirn und von süchtigen Gedanken, die überall hin dem »Geruch von Ausschweifung« (Michelangelo Biondo) folgten:

Wundere dich nicht, mein Sohn, daß krank und matt
die Welt dahinschwelgt, weil der Unrat
nicht vom Körper herkommt, sondern vom Geist.

Bilder, Skulpturen, Musik, Düfte, Tafelrunden, Gewänder und Tänze schürten das Feuer einer universellen Ausschweifung, die durch die fünf Fenster der Sinne in die Ritzen und die Verstecke des schlecht zusammengefügten Hauses des Lebens einströmte. Von der Neuen Welt und den unwegsamen Landstrichen ergossen sich über das alte Europa sündige »fremdländische Blähungen«, neue »schlüpfrige Köder«, Pulver, Kräuter und aphrodisische Früchte, die die Lenden der »vom Geschlecht besessenen Menge« erregten.

Man läßt von unbekanntem, fremdem Pol kommen
Schlüpfrige Köder, worauf verweisen
Dioskurides, Mesuë und Mattioli.

Im 17. Jahrhundert waren als »schlaue Erfindung des immer nach Neuheiten gierigen Halses der neuen (moderni) Geister« kleine »weißlich schimmernde« Nester »aus einem dem Fischleim nicht sehr unähnlichen Stoff« aufgetaucht, »die zu sehr hohem Preis verkauft wurden, um die Gastmähler zu adeln«. Es sind die Schwalbennester aus »Kotchinchina«. Und Francesco Redi bekannte:

Es ist eine fremdländische Fertigspeise, die wahrhaft appetitlich ist, wenn sie von einem verständigen Koch meisterlich zubereitet wird... Aber wenn man meint, diese Speise sei eine sehr kräftige und zuverlässige Arzenei für die, die mit dem Polienos von Petronius *neque puero neque puellae bona sua vendere possunt, lorumque in aqua, non inguina habent* (weder einem Knaben noch einem Mädchen ihre guten Sachen verkaufen können und ihre Peitsche im Wasser, nicht in der Scham haben), muß man mit dem Dichter aus Perugia [Cesare Caporali] sagen:

Spott bleibt in wahrhaft vielen Geschichten übrig,
Wie viele Fabeln und Märchen auch die alten Weibchen,
Die spinnend am Feuer sitzen, erzählten.

Zu sehr schmeichelt sich, wer sich dieser so hergestellten Arzenei anvertraut. Und wenn man mir zufällig nicht Glauben schenkt, kann man die Probe darauf machen, wie man es bei ähnlicher Gelegenheit auch gemacht hat.

Die »neuen und fremdländischen Sachen« und »besonders die, die uns aus den beiden Indien gebracht werden«, bemerkte Francesco Redi, der großartige Entmystifizierer aus Arezzo, »erweisen sich alle als falsch, wie es mir oft, ja immer geschehen ist.«[9]

Während der Rachen den Blähungen aus dem Orient diejenigen aus dem Okzident hinzugefügt hatte, hatten sich die Augen mit dem neuen, von Galilei erfundenen Gerät ein bisher unbekanntes Instrument zunutze gemacht, um – krankhafterweise – in die Intimität der Häuser einzudringen. Mit dem Fernglas konnten die Augen unbekannte Flächen erkunden, wenn man sich indiskret von den Fenstern her einschlich, um den verhüllten Kontinent des Weibes auszukundschaften und um dem bloßen Auge unsichtbare Signale aufzufangen. Die Eifersucht des Eheherrn war drauf und dran, eine weitere Schlacht zu verlieren.

Was zählt ein Innenzimmer oder Frauengemach?
Denn um vom Altan her zu kokettieren,
Hat Galilei das Mittel gefunden.

Aber wohin man sich auch setzte, erblickte das Auge an den Wänden der Salons, der Kabinette in Patrizierpalästen oder in der heiligen Nische der Kirchen überall laszive Gemäle. Die schandbare Betriebsamkeit der Maler hatte lasziv »alte Geschichten und neue (moderne) Wahrheiten« hingemalt. Die heiligen Geschichten waren zu Vorwänden geworden, um verderbte, zweideutige, »weiche, sanfte und ergötzliche« Bilder einzuschmuggeln. Susanna, Bethsabe im Bad, Heilige mit dem Gesicht von Dirnen und Engel mit den Umrissen von Ganymed schauten in den »heiligen Tempeln« hervor.

Wie sollte einen da nicht Schrecken erfüllen,
Daß man kniend das verabscheuenswürdige Bild
Von der schandbaren Wölfin und vom Lüstling anbetet?

»Von unreinen Blicken ist die Welt voll, / und schuldige Begierde, jener Basilisk, / schickt durch die Augen Gift in unser Herz.«

Der Geruchssinn war ein weiteres heimtückisches Vehikel der Verderbtheit. Die Versuchung drang durch die Nasenlöcher ein:

O, wie sehr seine Wärme weckt und verstärkt
Zibet, Bezoarstein, Moschus und Paradieskorn
Und die edle Pflanze der ägyptischen Rinde.
    Aber der mit einheimischem Duft nicht zufriedene Mann
Tötet von Anbeginn den Herbst und zerstört
Mit der verkümmerten Blüte in hohlen Gläsern den Apfel.
    Sodann mit jenen duftenden milden Wassern,
Vermengt und vermischt mit scharfen Düften,
Besprengt sich und wäscht sich hinfällige Schönheit.
    Daher sucht sie zu Recht dann eine der größten Langnasen,
die sie behandelt und wittert,
während jene zart und mild duftet.

Die Aromen hatten mit dem Hauch von Moschuspastillen die an sich schon virile Welt der Krieger wie in einem Schwindelanfall verhext:

Unseren Achills reicht es nicht, wenn die Kleider
Duften und sie sich den phrygischen Hirten gleich machen,
Wenn sie nicht schlucken Moschuspillen und Paste.
Sie wollen, daß Ambrosia ihr Parfüm ausströmt,
daß schließlich das Schwert den Hieb moschusduftend macht
Und Schuhe und Stiefel Ambra ausströmen.

Aber nichts konnte den wunderbaren Fälschungen der Kosmetik gleichkommen, die mit illusionistischen Effekten das Falsche als wahr und umgekehrt in einem schillernden Spiel betrügerischer Reflexe erscheinen ließ.

Optische Illusionen, Spiele mit Licht und Schatten und falsche Perspektiven wechselten sich ab auf den beweglichen Bildern aus Fleisch, wie es bei dem figurativen Scharfsinn und den Spitzfindigkeiten an den Wänden der Fall war – dank dem Kunstgriff des trompe-l'œil: »in Rom... gibt es in den Kreuzgängen des Klosters Trinità de' Monti zwei Bilder, die, von nahem betrachtet, zwei Dörfer darstellen und von denen das eine, wenn man sich davon entfernt, ein schreibender Evangelist Johannes und das andere ein betender hl. Franz von Paola wird.«[10]

»Wenn die Weiber«, schrieb der bissige und visionäre Quevedo, »erwachen, bekleiden sie sich zuerst mit einem Gesicht, Hals und Händen, dann erst mit Röcken. Alles, was du siehst, ist Schein, nicht Natur... Was weiß scheint, ist mit Salbe beschmiert.«[11]

Sie scheinen zwar nackt, sind jedoch angezogen.
Dieses reine Weiß, das du erblickst, ist ein Nichts.
Jenes Purpur ist eine Maske, und du siehst
Von der Person weder ihr Fleisch noch ihre Haut.
Was Weiß strahlt und dich Fleisch zu sein glauben macht,
Ist eine Mischung aus Umschlägen, Salben und Pasten,
Mit denen du die Füße einzureiben dich nicht herabließest.
Jede Frau hat gierige und umfassende Süchte...

Weit entfernt waren noch die Zeiten, in denen die »hohe Spiritualität der Toilette«, die Rohheit des »natürlichen Lebens« und die »feinsinnige Verformung der Natur« durch Schminke entdeckt sein würde. Und so bemerkt Baudelaire:

Die Frau ist ganz in ihrem Recht, und sie erfüllt sogar eine Art Pflicht, wenn sie das Bestreben hat, magisch und übernatürlich zu erscheinen; sie *soll* erstaunlich sein und voller Reiz; ein Götzenbild, muß sie mit Gold sich schmücken, auf daß sie angebetet werde. So muß sie denn allen Künsten die Mittel entleihen, sich über die Natur hinwegzuheben...[12]

In jenen Jahren theoretisierte man über die Ränke, das Vortäuschen, das Verhehlen und die Maskierung; man analysierte und tüftelte die raffiniertesten Techniken der »Kunst des Betrügens«[13] aus und kam zu dem Schluß, daß »heutzutage das Betrügen mit der Lüge einen Trottel kennzeichnet«, weil »die urteilsfähigen Männer mit der Wahrheit zu betrügen pflegen«[14]. Trotzdem wurde seltsamerweise das Schminken der Frauen im Namen einer von allen vergewaltigten und beeinträchtigten Natur mit Spott und Abscheu bedacht. Sogar der Teufel hatte seine Strategie geändert. Er sagte zu den Männern nicht mehr,

wie er zu unseren ersten Vätern sagte: »Ihr werdet nicht sterben.« Diese Art zu betrügen wäre zu grob, und niemand würde da mittun, sondern er sagt: »Ach, ihr werdet nicht so schnell sterben, ihr habt noch viele Jahre Leben vor euch.« Und weil dies einigen Anschein von Wahrheit hat, ja sich als richtig erweisen kann, kann er beinahe alle betrügen.[15]

Im Zeitalter, in dem auch die »Vestalinnen«, die Hüterinnen der guten Sitten, täglich verdarben und verkamen, brachte die künstliche Veränderung der weiblichen Haut die Moralisten aus der Fassung. Vielleicht lag der Grund darin, daß sie befürchteten, als sie die geheime Macht des Götzenbildes und die Verzauberung durch die Verwandlung der Frau in eine Statue bemerkten, sie werde zu einem anbetungswürdigen und »höheren, göttlichen«[16] Bildnis werden.

Das Rot und das Schwarz bedeuten das Leben, ein übernatürliches, sehr stark betontes Leben; dieser schwarze Rahmen macht den Blick tiefer und besonders, gibt dem Auge entschiedener das Wesen eines Fensters, das mit dem Ausblick auf das Unendliche offen steht; das Rot, das auf dem Äpfelchen der Wange flammt, verstärkt noch die Klarheit, in der das Rund des Auges leuchtet, und fügt zu einem schönen Frauenantlitz die mysteriöse Leidenschaft der Priesterin.[17]

Trotz des Hohns der Satiriker arbeiteten dennoch die »Offizinen«, die »Schmelztiegel« und die »Brennereien« der Apotheker und Parfümhersteller in unablässigem Rhythmus, um die »weiblichen Wünsche« und die männlichen Bedürfnisse zu befriedigen, um das, was Gabriele Fiamma die »unreinen Bälge« nannte, zu polieren und zu bemalen. Von Ägypten wurde laufend nach Europa das Helenenkraut eingeführt, das das »Gesicht der Frauen wie den ganzen restlichen Körper ohne irgendeinen Makel« bewahrte. Die schönen Damen glaubten fest daran, daß die »Anwendung eines solchen Helenenkrautes sie anmutiger und lasziver machte«. Von der Levante und aus Äthiopien kam der »Zibet (oder spanisch: algalia), der häufig von den Parfümherstellern für ihre wohlriechenden Kompositionen verwendet wird. Er wird aus den äußeren Hoden gewisser Katzen erzeugt, die den Steinmardern ähneln, jedoch größer sind... Diese Flüssigkeit ist beinahe wie ein Schweiß, der zwischen den Hoden dieses Tieres miterzeugt wird.«[18] Er war schon lange Zeit bekannt und trat wegen seiner therapeutischen wie auch seiner aphrodisischen Kräfte in den weiblichen Kosmos ein.

Er ist zuträglich bei Gebärmutter-Eklampsien, wenn man damit den Frauen den Bauch einreibt. Daher nimmt es nicht wunder, daß sie davon wunderbares Vergnügen spüren, wenn man ihn ihnen zum Akt des Beischlafs reicht.

Mit Myrrheöl schlug man die härtesten Schlachten, nämlich die gegen die Zeit als Zerstörerin, »um das Gesicht ohne Falten zu erhalten, auch wenn man alt wird«.[20]

# 7

# Die masslose Aufdringlichkeit des Fleisches

Im Zeitalter des Absolutismus, als »jede tugendhafte Enthaltsamkeit vom Genuß der Vergnügungen... entweder einer Armut an Geist oder einer konstitutionellen Kälte«[1] zugeschrieben wurde, gab es dennoch Edelfrauen, die sich, um ein »außergewöhnlich heißes und trockenes Temperament« zu dämpfen, an zwei unterschiedliche Ernährungsweisen hielten und gewöhnliche mit außergewöhnlicher Diät abwechselten. So war es der Fall bei der Prinzessin von Bragança, die mit Karl II. von England verheiratet war. Sie mußte das Übermaß an Wollust einschränken, das die »so große Hitze« und die »so große Menge« an Blut bei ihr hervorrief, denn sie war »von ihrer Natur her über die Maßen für die Vergnügungen empfänglich«[2].

Hier findet der König von der Natur sehr geeignete Werkzeuge bereitgestellt, um sie ihr zu erregen. Und wahrhaftig kommt die Süße so sehr in sie, daß ihr nach dem gewöhnlichen Abfluß jener Körpersäfte, den die Gewalt des Genusses auch den Frauen abpreßt, von den Genitalien das Blut in so großer Menge kommt, daß es bisweilen einige Tage nicht aufhört. Bei alledem vermag bei ihr die Vorsicht, sich nicht mit der Kindschaft zu belasten, soviel, daß sie sehr oft die Umarmungen des Königs verweigert, der bei ihr jede Nacht schläft. Und wenn sie dazu bereit ist, sie entgegenzunehmen, bereitet sie sich mit einer außergewöhnlichen Diät vor und beim Akt selbst bemüht sie sich, allen jenen Wonnen zu entgehen, die man sucht, um mit größerer Heftigkeit die Hitze der Wollust in Bewegung zu bringen.[3]

Die maßvolle Königin von England, die für gewöhnlich nur Wasser trank, nahm sich in acht vor dem »süßen Gift« der Wollust, vor der »maßlosen Aufdringlichkeit des Fleisches«, vor der »verlockenden Liebeslust«; sie enthielt sich aber auch all dessen, was sie sehr liebte und verbot sich die »unmäßige Verwendung der zerstampften Gewürze in den Speisen, der Ambra und des Moschus in den Konfekten«. Denn – wie bereits Aristoteles sagte – wußte sie, daß »das Essen von Fleisch und das Trinken und die Sattheit des Magens die Pflanzstätte der Begierde ist«.

»Die Lüsternheit ist immer an die Sattheit gebunden«, hatte der Hl. Hieronymus und nach ihm zahllose Kirchenväter gemahnt. Adam hat das Paradies eingebüßt, sagte der Hl. Augustin spöttisch, »non propter porcum, sed propter pomum« (nicht wegen einem Schwein, sondern wegen einem Apfel). Grünzeug und Gemüse und ein klein wenig Fisch sollen dem guten Christen genügen, schrieb Hieronymus an Paulinos. Die erlesenen Speisen endeten im Kot: »Zum Abendessen dienlich sind Grünzeug und Gemüse, bisweilen zählt man kleine Fische zu den höchsten Wonnen. Wer nach Christus verlangt und jenes Brot ißt, der begehrt nichts besonderes, weil aus kostbaren Speisen Kot wird.«

Lüsternheit und Ausschweifung haben ihren Ursprung in der Nahrungsaufnahme. Der Hunger war der beste Schutz für die Keuschheit. »Der Hunger ist der Freund der Jungfräulichkeit und der Feind der Unzucht. Sattheit aber vertreibt die Keuschheit und nährt die Verlockung«, hatte der Hl. Ambrosius in einer seiner Predigten geurteilt. Es scheint freilich nicht, daß diese Botschaften von den Männern und den

Frauen im christlichen Europa besonders geschätzt wurden. Auch ein katholischer Freigeist wie Magalotti teilte die gängige Meinung, daß die Mäßigung wie auch die Enthaltsamkeit Sache der Armen im Geist oder der fehlerhaften und vorbelasteten Konstitutionen sei.

Der Abscheu vor dem Laster des Halses, jener Brutstätte von Ausschweifung und verlockenden Begierden, war umso heftiger, je mehr er deren unwiderstehlichen Zauber verbarg.

Fluchwürdige Kehle, Anreiz der Sinne, Esse des Blutes, Feuer der Begierde, Anreiz des Fleisches, Quelle der Wünsche, Glut des Geistes, nagender Wurm der Gesundheit, Enthüllerin der Geheimnisse, Schleier des Verstands, Köder des Begeherns, Ätna des Herzens, Krankheit des Körpers, Tod der Seele. Von Plutarch wurde sie Werkstatt der Laster genannt, von Plautus Gebärmutter der Zwiste, von Boëthius Mutter der Unkenntnis, von Makrobius Gesellin der Vergessenheit, von Eusebius Pest der Körper, von Sophokles Feindin der Keuschheit, von Seneca Ursache der Krankheiten. Sie nahm Adam die Unschuld und Eva das Paradies, den Söhnen von Eli das Priestertum und Holofernes den Sieg, Sisera das Leben, Sihon den Triumph, Nebukadnezar das Reich, Esau die Erstgeburt und den Israeliten den ersehnten Blick in das gelobte Land.[4]

Die Kehle, »Esse des Blutes« und »Quelle der Wünsche«, wurde – vor allem im Zeitalter des Barock – unausbleiblich mit den Hinterlisten des weiblichen Körpers in Verbindung gebracht, der fest und doch beweglich und gefährlich wie das Wasser des Meeres ist.

Die Ansicht von Simonides ist, daß die Frau gleich dem Meere ist. Und vielleicht glaubte man aus diesem Grund in der Antike, Venus sei aus dem Meer geboren. Und wahrhaftig ist die Frau nichts anderes als ein Meer, ob wir nun die Wonnen veranschlagen oder die Trübsale bedenken. Ist die Frau heiter, ruft sie uns zu den Freuden, ist sie unwillig, dann droht sie uns, ist sie wütend, greift sie uns an. Genauso wirkt das Meer auf uns, das uns bei Meeresstille einlädt, bei Sturm uns erschreckt und in den Strudeln den Tod bereitet. Die Frau ist unbeständig, ungezähmt und unersättlich. Das Meer ist eitel, hochmütig und ohne Ende. Kurz und gut, Frau und Meer sind ein und dieselbe Sache. Daher sang man:

Ich muß dir sagen, Frau,
Du bist ein unbeständig und schädlich Meer.[5]

Nur als Paradoxon konnte jemand behaupten, daß »es eine größere Tugend ist, sich der Liebe zu enthalten als der Speise« und daß die Verdienste der Enthaltsamkeit die der Nüchternheit überträfen.

Die Enthaltsamkeit besteht darin, die Anreize der Konkupiszenz zu zügeln. »Contentia«, sagt der Hl. Thomas, »proprie est tantum circa concupiscentia tactus.« Und die Nüchternheit ist eine mäßigende Wirkung gegen die Anreize zur Schlemmerei und zum Wein. »Sobrietas est effectus moderationis contra incentivum crapulae et diluvium ebrietatis«, wie Cicero behauptet... Doch wenn ich mein Gefühl ausdrücken soll [es ist der »Freigeist« Giovan Francesco Loredano, der das »Problem« stellt und zu lösen versucht], glaube ich, daß die Enthaltsamkeit lobenswerter ist als die Nüchternheit. Wer bei den Speisen nüchtern ist, hat nur den eigenen Appetit zu besiegen, wohingegen der, der enthaltsam sein will, sich selbst und die Liebe, die ein sehr mächtiger Gott ist, überwinden muß... Und wenn die Sterne nicht die Willkür unseres Herzens unterdrücken, bezwingt er nicht sein Wohlgefallen an verhaßten Objekten. Die Nahrungsaufnahme ist dagegen freiwillig (ausgenommen den Armen, der nur das ißt, was er gerade hat); daher: ein je größerer Sieg es ist, das Schicksal zu besiegen als den Willen, desto größer ist der Ruhm, in der Liebe enthaltsam zu sein als nüchtern bei den Speisen. Die Seele ernährt sich von der Liebe und der Körper von der Speise. Aber da es schwieriger ist, die Neigungen des Gemüts als die des Körpers zu zügeln, folgt daraus, daß die Enthaltsamkeit eine größere Tugend ist als die Nüchternheit. Bei den Liebesbegierden ist der Mensch nicht bei sich selbst... Die Tafel dagegen und die Speisen fordern den ganzen Mann, denn sonst wären die Nahrungsmittel verhaßt und die Ernährung unmöglich. Aber wer zweifelt daran, daß der größeren Ruhm hat, der ohne Seele enthaltsam sein kann, als der, der ganz beseelt nüchtern sein kann? Es sind eher die Liebhaber als die Prasser. Daher sieht man klar, daß es schwieriger ist und folglich lobenswerter ist, den Liebesbegierden zu widerstehen als den Speisen.[6]

Die »verhaßten Objekte« sind natürlich die Frauen, von deren Augen ein »Gift« ausgeht, das den Liebhaber verdirbt und tötet. Daher ist schwarz die passendste Farbe für das Antlitz des Mannes, weil zu »lieben ein bösartiges Fieber ist, das das vollkommenste Blut verdirbt und dem Liebhaber das Leben nimmt. Es kann also keiner, der liebt und von einem Pestfieber getötet wird, eine andere Farbe als schwarz im Gesicht haben.«[7] Wenn schwarz die Farbe der Liebe ist, kann man verstehen, weshalb »man in Zypern Venus mit dem Bart, dem Zeichen von Trauer, Reue und Schmerz malte und verehrte«. Vielleicht bildeten die Zyprioten sie deshalb mit dem Bart ab – versuchte Loredano in einer seiner »akademischen Wunderlichkeiten« zu erklären –, »um die Männlichkeit zu beweisen, die die Frau in der Schönheit des Gesichtes hat«.[8] Die ambivalente, androgyne Schönheit der Mann-Frau, der Frau, die in den Gesichtszügen ein geheimnisvolles Zeichen von Männlichkeit zeigt, eines in gewissem Sinn zufälligen und in einem gewissen Sinn verkehrten Mannes, übte einen geheimen, hexenhaften Zauber aus.

> Die Frauen, die einen Bart haben, sind, wie Tassoni meint, entweder Hexen oder Zauberinnen. Vielleicht malten die Zyprioten aus diesem Grund Venus mit einem Bart, um zu zeigen, daß die Frauen Macht hatten, die Gemüter der Liebhaber zu verzaubern.[9]

Die Freigeister des 17. Jahrhunderts konnten sich nicht von jener mittelalterlichen und kirchlich frauenfeindlichen Kultur befreien, die erst in der zweiten Hälfte des 18. Jahrhunderts ausgelöscht sein wird, als die aufklärerische Zerstörung des Bildes von der Frau als Hexe zur Neugestaltung des Frauenbilds führte. Im 17. Jahrhundert waren sich profan-freigeistige Kultur und klerikale Kultur einig darin, die Weiblichkeit zu lynchen. Ferrante Pallavicino kann, um die »Schönheiten der Seele« zu erläutern, nichts anderes tun, als in zweideutiger

Weise in den Körper der Frau einzudringen, um ihn Stück für Stück auseinanderzunehmen und zu analysieren. Denn »wenn man mit Verlockungen nicht auch die Sinne betrügt, hofft man vergebens, Belege anzuführen, um einen die Seele wahrnehmen zu lassen.«[10] Und um ein »Porträt der Vollkommenheiten der Seele« zu entwerfen, nimmt dieser unglückselige, freigeistige Polyhistor, der unter anderem Autor einer *Vita di S. Giovanni martire* (Leben des Hl. Märtyrers Johannes) war, »als Original diejenigen eines Körpers«[11].

Für Giovan Francesco Loredano, der die fortgeschrittensten Ansichten der Gruppe der *Accademia degli Incogniti* in Venedig widerspiegelt,

> ist die Frau ein unvollkommenes Tier, ein Fehler der Natur und ein Ungeheuer unserer Gattung. Wenn sie häßlich ist, ist sie eine Qual für die Augen, wenn sie schön ist, ist sie ein Schmerz für das Herz. Wenn sie liebt, wird sie zur Tyrannin, wenn sie verachtet, zur Feindin. Sie kennt kein Maß, erkennt keine Vernunft und weiß nicht, was Ungerechtigkeit ist. In ihren Gedanken ist sie unbeständig, in ihren Wünschen zerfahren und in ihrem Groll unversöhnlich. Ihre Liebe entsteht durch die Gewinnsucht, ihr Glaube durch die Notwendigkeit und ihre Scham durch Furcht. Wenn sie redet, lügt sie; wenn sie lacht, betrügt sie; wenn sie weint, verrät sie. Im Mund hat sie gewöhnlich den Honig der Verlockungen, aber im Herzen das Gift der Mißgunst. Mit den Augen verzaubert sie, mit den Armen legt sie in Ketten, mit Küssen macht sie dumm. Und mit den anderen Ergötzlichkeiten raubt sie den Verstand und die Vernunft und verwandelt die Männer in Bestien.[12]

Dies sind Variationen über das alte Thema der *vituperatio foeminarum* (Weiberschelte), eine der Glanznummern der kirchlichen wie der weltlichen Literatur, die einmal vollständig darin einig waren, das vielgestaltige Ungeheuer zu durchbohren. »Was ist das Weib anderes als eine Feindin der Freundschaft, eine unentrinnbare Qual, ein notwendiges Übel, eine natürliche Versuchung, ein wünschenswertes Unheil, eine Gefahr im

Hause, ein ergötzlicher Verlust, ein Übel der Natur, mit schöner Farbe gemalt?«[13]

Es sind geheimnisvolle und bösartige Geschöpfe, hinterlistig wie ein Apfel mit lieblich geröteter Schale, der in sich Wurmstichigkeit und Unflat birgt (»Untreue, Ehrsucht und Genußsucht«)[14], ohne die »wir mit Göttern verkehren würden«. Unter diesen drei Lastern steht die Genußsucht an erster Stelle (»amplius praedominatur«)[15], vor allem bei denen, die vom Dämon der Ehrsucht besessen sind. Aber alle sind Sklavinnen eines »Bauches..., der mit genußsüchtigen Betrügereien schwanger geht«[16], eines »eitlen Lochs«, eines »Lochs von Unflätigkeiten« (T. Campanella). Sie werden tyrannisiert von einem »Glied, das nie satt wird«, von einem »Glied, das nie gesättigt wird«[17], und zwar so sehr, daß »man überall sagt, es gebe drei Dinge auf der Welt, die nie satt werden: das erste ist die Hölle, das zweite die Frau und das dritte ist die Erde, die man nie mit Wasser gesättigt sehen kann.«[18] Die Frau will, wie die Mutter Erde, gepflügt, durchfurcht, besprengt und bewässert sein.

Das freigeistige Porträt der Frau verwendet die gleichen Farben wie die bereits untersuchten der religiösen Porträtmalerei. Ob Jesuiten oder Freigeister, das Bild bleibt im wesentlichen dasselbe. Der Freigeist Giovan Francesco Loredano hätte seine Feder mit der des Dominikaners Tomaso Caraffa vertauschen können, ohne daß sich das Bild in Form und Perspektive verändert hätte.

Wißt ihr nicht, daß die Frau das Bildnis der Unbeständigkeit genannt wurde, das Urbild der Hinfälligkeit, die Mutter der Ränke, das Sinnbild der Wechselhaftigkeit, die Meisterin der Boshaftigkeiten, die Dienerin der Betrügereien, die Erfinderin der Listen, die Freundin der Verstellung, so wie sie selbst die Unvollkommenheit ist. Denn sie ist matt in der Stimme, wechselhaft in der Rede, langsam in den Schritten, schnell im Zorn, hartnäckig im Haß, flink in der Mißgunst, schwach bei der Anstrengung, gelehrt in der Bosheit, schnell bereit bei den Lügen, so wie sie ein weites Feld ist, in dem sich eine bissige Natter einnistet. Sie ist eine kalte Asche, in der sich eine glühende Kohle verbirgt; eine künstliche Klippe, die unter niedrigen Wellen verborgen ist; ein stechender Dorn, der von Lilien und Rosen verdeckt ist; eine giftige Schlange zwischen Kräutern und Blumen, ein schwach brennendes Licht, eine erlöschende Flamme, niedergehender Ruhm, untergehende Sonne, veränderlicher Mond, verschwindender Stern, sich verdunkelnder Mond, fliehender Schatten und aufgewühltes Meer.[19]

Sie galt als »Porträt der Unbeständigkeit« und als »Sinnbild der Wechselhaftigkeit«, aber wenn sie unter den Schmerzen der Geburt ans Kindsbett gefesselt war, verwandelte sie sich in einen schmutzigen, unflätigen und abscheulichen Trümmerhaufen, in ein widerwärtiges Bild schmerzvollen Zerfalls. Anmut, Grazie und Lüsternheit verschwanden, um von einer erschütternden und grausamen Wahrheit vernichtet zu werden: ein anstößiger, heulender und elend schmutziger Körper.

Wenn die Zeit des Gebärens gekommen ist, pflegen die Frauen von tausend Ängsten vor einem grausamen Tod befallen zu werden, von bitteren Schmerzen, von stechenden Leiden, von mächtigen Qualen, von sehr grausamen Drangsalen, tausend glühende Seufzer hasten davon, die Klagen durchdringen die geräumigen Dächer, der Lärm reicht bis zu den Sternen, die Schreie erfüllen die Luft, sie bringen Töne voller Klagen hervor, entrüstete Worte, gereizten Tonfall; das Aussehen ist schmutzig, die Wangen blaß, die Augen voller Tränen, die Lichter finster, die Lippen bleich, die Brüste abstoßend, die Hände verlassen, die Hüften angstvoll, die Bäuche wogend, die Füße zitternd, die Stirn gekräuselt, die Wimpern hochgezogen. Bedenkt jenen Mangel an Kräften, jenes Schwachwerden, jenes Geringer-Werden, jenes angestrengte Atmen, jene gekrümmten Hände, jenes zerzauste Haar, jenes eiskalte Herz, jenes eingefrorene Blut, jene ausgelöschten Sinne, jenen fehlenden Puls, jene Ströme von Tränen, jenes verdoppelte Geschrei, jene kalten Schweißausbrüche, jenen Sturzbach von Tränen, jenen inneren Kampf und jenes Zubringen des Lebens unter dem schneidenden Schwert des Todes.[20]

Die erbarmungslose Zerstörung des weiblichen Körpers (»das schmutzige Aussehen«, »die bleichen Lippen«, »die abstoßenden Brüste«, »die finsteren Lichter«, »das gefrorene Blut«) scheint das fahle Licht des Todeskampfes über der Gebärenden in ihrer dramatischen Krise auszubreiten. Das befriedigte Auge des Mannes sieht grausam herab auf die Leiden des besiegten und niedergeworfenen »Ungeheuers«, es gleitet über sie und sieht herab auf ihren Körper, der sich – heimtückisch und verwirrend – in eine vernichtete und schmutzige, beinahe abstoßende »Sache« verwandelt hat.

Das Vergnügen, sie stöhnen zu sehen, mit »angstvollen Hüften«, »leeren Händen«, »zitternden Füßen«, unter »mächtigen Qualen« und im zermürbenden Kampf gegen den Tod, der sie mit Gewalttätigkeit zu besitzen versucht, erinnert unwiderstehlich an den erregten Wunsch nach der »Vereinigung«. Etwa das »Schließen der Augen«, das »beinahe blutleere Hinsinken«, der »süße und liebliche Tod«, die »Todesstunde« der »schwachen und matten«, »zerschmolzenen, dahingeschwundenen und völlig ausgezehrten« Frau. Der wollüstige Freigeist, der es genießt, »sie zu begraben« im »Überschwang der größeren Genüsse«[21], phantasiert und träumt vom »süßen blutentleerten Tod« der Frau als Hure. Die »glühenden Seufzer« der Gebärenden verweisen – mit eben jenem Kontrapunkt von schlimmer Ausschweifung und sadistischer Erotik – auf das »heftige Stöhnen«[22] und die »brennenden Glieder«[23] der körperlichen Vereinigung, wie sie von Ferrante Pallavicino in *La rettorica delle puttane* (Die Rhetorik der Huren) evoziert wird. Wie es nur ein zusätzliches Vergnügen ist, die Frau schließlich mit einer realen Qual, und nicht »als sehr gewitzte und künstliche Verstellung«[24], bestraft zu sehen, muß sie gleichwohl vortäuschen, »sich lebhaft zu gebärden«. Sie muß »sich unter dem Gewicht« des Mannes, der auf ihr liegt, »geschmeidig zeigen können... und sich wie eine Schlange hin- und herwinden, damit sich in dieser Gestalt Venus, die Göttin der Lüsternheiten, verwandelt, um die Frauen zu lehren, welche Veränderung sie akzeptieren müssen, um nicht des Verdienstes verlustig zu gehen, Vergnügen zu bereiten. Sie windet sich, sie dreht sich, sie streckt sich, sie zieht sich zusammen, mal stößt sie vor, mal zieht sie sich zurück, mal wälzt sie sich zur Seite.«[25] Sie erreicht so, daß es »nach den Umständen ihrer Natur« besser geht, »indem sie sie erhoben oder demütig oder zusammengedrängt darbietet, so daß sie ihr Befriedigung verschafft.«[26]

In der Rhetorik des Koitus, der künstlichen Umarmung, den stilisierten Figuren von Venus oder den »Möglichkeiten« (modi) des Sich-Verflechtens übt die Zunge, die der neuralgische Mittelpunkt für die Beredsamkeit und die Figuren der ausgefeilten Redeweise ist, die gleiche grundlegende Funktion aus, körperliche Botschaften zu überbringen und zwei verschiedene Kommunikationsweisen in einem Akt zu verschmelzen. Sie dringt »in den Mund ein, um sie dem Ohr zu erzählen«; sie hat »das Aussehen eines Pfeils«, »so daß ihre äußerste Spitze kitzelnd zwischen die Lippen geht, ohne an die Zähne zu kommen«[27]. Die Zunge, eine Schlange wie die Schlangen-Frau, ein »zitternder Pfeil«, muß mit derselben Schnelligkeit und im Einklang mit der »Bewegung des Blutes... schlängeln«, wenn »sich die Küsse häufen«.[28]

Die Zunge ist »eine Botin der Lüste«.

Sie hebt sich ab von den anderen Gliedern; auch mit dem Herzen, dem Oberherrn von allen, streitet und wetteifert sie. Wenn also das Herz die Gesetze vorschreibt, dann ist die Zunge der Trompeter, der sie veröffentlicht. Wenn das Herz endgültige Urteile spricht, fordert die Zunge sie ein. Wenn das Herz die Ader der Gesundheit ist, ist die Zunge der Puls, der sie beweist; wenn das Herz die Quelle der Wasser ist, ist die Zunge der Kanal, der sie in ihr Flußbett einweist. Wenn das

Herz die Esse der Waffen ist, ist die Zunge der Wetzstein, der sie schärft. Wenn das Herz die Sonne ist, ist die Zunge der Schatten. Wenn das Herz der Führer ist, ist die Zunge der Herold. Wenn das Herz der König ist, ist die Zunge der Dolmetsch. Wenn das Herz der Brennofen ist, ist die Zunge der Kamin. Wenn das Herz der Palast ist, ist die Zunge die Fassade. Wenn das Herz die Uhr ist, ist die Zunge der Zeiger. Die Zunge, gleichsam betriebsame Bläserin, bedient sich der Lunge als Blasebalg, des Schlundes als Rohr, der Zähne als Tasten, der Lippen als Finger, des Gaumens als Höhlung, der Adern als Saiten, des Atems als Melodie, des Halses als Register. Sei sie nun gestreckt oder gekrümmt oder träge oder schnell oder wie eine Hülle oder in Gestalt eines kleinen Bogens oder durchbohrend oder herumirrend oder durch Schmälerung oder durch Anreicherung oder schwer oder spitz – sie bringt zu allen Stunden im schönen Organ des Körpers den köstlichen Ton der allersüßesten Stimme hervor.[29]

Die Zunge galt als bewegliches Instrument der Stimme und des lockenden Wortes, als Komplizin der Unbeständigkeit und der unruhigen Wechselhaftigkeit des menschlichen Herzens (»wer sieht je einen aufgeregteren Ozean als ein Herz?«)[30]. Die Zunge und die Stimme konnten subtile Mittel der Verführung und raffinierte Werkzeuge stürmischer Erotik sein. Nur in der Liebe und der Umarmung eines kalten Steins, einer unbeweglichen Statue konnte man die Wollust einer »unveränderlichen Schönheit«[31] erfahren. Es ist eine stumme, paradoxe Liebe, die in den eiskalten lautlosen Berührungen eines warmen Körpers mit einer eisigen Marmorstatue ihre Vollkommenheit erlangt. Die Erotik des Barock, die sich sehr wohl darüber im klaren war, daß die Beständigkeit eine »tolle Tugend«[32] ist, kultivierte eine fetischistische Neigung zum unbeweglichen, schweigsamen, unveränderlichen und unwandelbaren Objekt. Und so entdeckte man den Zauber der »gotteslästerlichen Liebe«[33] wieder, wie etwa die des Atheners Amyklos, der »sich zur Nachtzeit im Tempel verborgen in die Statue von Venus verliebte und in jenen Marmorsteinen Zeichen seiner Schandtat hinterließ«. Er gestand den Richtern die »Delirien eines Herzens, das sich nicht einmal angesichts der Steine enthaltsam zeigen konnte«. Und dies war die Selbstverteidigung des Athener Amyklos:

Ich wollte einen Stein lieben, weil ich zu lieben verstehe; denn ich bin nicht so schuftig, daß ich liebe, um geliebt zu werden. Auch wenn meine Liebe verfluchenswert war, muß ich auf jeden Fall Beifall zumindest als vorsichtiger, wenn auch nicht als enthaltsamer Mensch verdienen. Und wo hätte ich meine mangelnde Enthaltsamkeit besser zeigen können als gegenüber einem Stein, der über meine Schandtat, wenn ihr sie so nennen wollt, weder lachen noch erröten konnte?[34]

Eine Frau zu lieben heißt, das Herz der Unbeständigkeit zu opfern. Man weiß, daß die Frau sich in einen Blitz verwandelt, sich im Nu verliert. Die Statue kennt keine Wandelbarkeit... Man bauscht es auf, wenn auf der Statue das Zeichen meiner Unenthaltsamkeit zurückgeblieben ist. Dies ist ein unfehlbarer Beweisgrund, daß die Göttin meine Opfer entgegengenommen hat. Sie würde diese Flecken nicht behalten, wenn sie nicht wegen eines Vergnügens da wären oder wenn sie nicht an das Vergnügen erinnern würden...[35]

O blinde Athener, ihr kennt nicht die Wunder eurer Göttin Venus. Sie will euch ihre Macht beglaubigen, um euch zu beweisen, daß sie auch durch einen Stein die Männer besiegen kann. Man konnte an die Macht der Venus nicht mehr glauben, noch sie mehr verehren, wenn sie nicht durch Marmor Geister der Schamlosigkeit und Herzen der Männer entflammte.[36]

Einem Standbild der Göttin der Liebe in der Stille der Nacht Opfer darzubringen, konnte bedeuten: die Überwindung der zermürbenden Dialektik zwischen der erlebten und der beredeten Liebe, die Aufhebung der Veränderung, der Sieg über die Unbeständigkeit, die Niederlage der Eifersucht, die Absage an die Enttäuschung, das Vergessen der abstoßenden Erkenntnis eines unvollkommenen und vergänglichen Körpers, die Ablehnung der Heuchelei, der Kniffe und der Schrecken vor der Kosmetik und vor den Prothesen. »Ich wäre zufrieden«, bekannte Thomas Browne in der *Religio medici* (Religion der

Ärzte), »wenn wir wie die Bäume ohne Kopulationen zeugen könnten, oder wenn es irgendeine Möglichkeit gäbe, um die Welt ohne diese triviale und vulgäre Art des Koitus zu verewigen.« Auch der abenteuerliche und ungestüme Francisco de Quevedo, der mit der Feder so behend war wie mit der Hand (er hatte unter anderem einen Mann getötet, der am Karfreitag in der Kirche eine Dame geohrfeigt hatte), erachtete es als eine Schande, »den Kopf wegen Dingen [den Frauen]« zu verlieren, »die in irgendeiner Holzstatue ein weniger abstoßendes Original haben«.

Alles, was du siehst, ist Schein, nicht Natur. Siehst du das Haar? Gekauft ist es, nicht aber auf ihrem Schädel gewachsen. Die Brauen sind eher verräuchert als schwarz, und könnte man Nasen machen wie man jetzt Brauen anfertigt, sie hätten andere Nasen. Zähne und Mund, die du siehst, waren schwarz wie ein Tintenfaß; jetzt ist daraus mit Hilfe von Puder eine Streusandbüchse geworden. Das Ohrenschmalz wandert auf die Lippen, jede könnte ein Nachtlichtlein sein. Die Hände? Was weiß scheint, ist mit Salbe beschmiert... Siehst du sie an? All dies ist sie nicht. Wenn sie sich die Gesichter wüschen – du würdest sie nicht mehr erkennen. Glaub mir, in der Welt gibt es nichts, das mehr zermartert wäre als die Haut einer Frau, wo mehr Schminke vergossen wird und eintrocknet, als sie Röcke anhat, die ihre Gestalt verbergen. Wollen sie den Nasen schmeicheln, empfehlen sie sich Räucherkerzen und Rauchpfannen oder Duftwässerchen, und manchmal müssen Ambraschühchen den Schweißgeruch ihrer Füße überdecken. Ich sage dir, unsere Sinne fasten angesichts dessen, was die Frau wirklich ist, aber mit dem, was sie scheint, werden sie überfüttert. Wenn du sie küßt, schmierst du dir die Lippen voll; wenn du sie umarmst, drückst du Brettchen und zerknitterst Pappe; wenn du mit ihr ins Bett steigst, läßt sie die Hälfte unter dem Bett bei den Schuhen zurück; wirbst du um sie, kannst du dich mühen; bekommst du sie, weißt du nicht ein noch aus; erhältst du sie, wirst du arm; läufst du ihr fort, verfolgt sie dich; liebst du sie, verläßt sie dich. Sage mir also, wozu sie taugt, und betrachte unsere Schwäche und dieses anmaßende Tier, das unser natürlicher Trieb so stark macht, für den es besser wäre, gepeinigt oder gezüchtigt, nicht aber befriedigt zu werden, und du wirst sehen, daß du töricht geredet hast.[37]

Es scheint, daß diese Barock-Schriftsteller in ihrer frauenfeindlichen Besessenheit völlig die gelassene und gesittete Debatte in der Renaissance über die »Vorzüglichkeit der Frau«, über die »Würde« und den »Adel« der Frauen vergessen haben. Es handelte sich um eine Traktatliteratur auf hohem Niveau, die die Weiblichkeit auch unter dem Gesichtspunkt der Enthaltsamkeit verherrlicht hatte; sie richtete sich gegen diejenigen, die die Unterlegenheit und die »Würdelosigkeit der Frau« beweisen wollten, »weil sie bei den Freuden von Venus passiv ist und der Mann aktiv.«[38] »Und deshalb sage ich euch, wer recht hinsieht, wird sehen, daß die Frau bei den Liebesvereinigungen die edlere Rolle einnimmt, denn sie liegt mit den Augen in den Himmel gerichtet, wie es die vernunftbegabten Tiere machen sollen. Der Mann liegt da, wie es die Tiere machen, um mit dem Gesicht und den Augen die Erde zu betrachten.«[39] Die Freigeister des 17. Jahrhunderts führen diese Unterordnung bei der »Liebesvereinigung« – ganz ohne die platonisierende Sublimierung der Traktatschreiber der Renaissance – zurück »auf jene echte Natürlichkeit, die eben jene Tiere zeigen«, und auf einen besseren Genuß des Vergnügens.

Unten zu liegen mit dem Bauch nach oben, scheint die der Menschheit angemessenere Art zu sein, deren Individuen das Vorrecht einer von den Tieren verschiedenen Gestalt haben. Denn sie haben den Kopf und die Augen gen Himmel gerichtet. Man genießt mit den Augen auch das Antlitz, und so erlaubt es einem, die Brüste zu umspielen, so daß es wegen ähnlicher Vorteile scheint, dies sei weit mehr als alles andere zu schätzen.[40]

Ob sie nun Hofdame und Zauberin oder Götzin und Priesterin lasziver Kulte war, deren »Kugeln der Schönheit«, die »imposanten Brüste... auf einem Alabasterthron, so viele Blicke wie Tribute einfordern«[41], die neue (moderna) Frau entsteht, als die Hexe stirbt. Der Wechsel im kulturellen Klima und die

Wiederherstellung des Frauenbildes sind seit der ersten Hälfte des 18. Jahrhunderts in den gegen den Hexenglauben gerichteten Texten von Girolamo Tartarotti sehr gut wahrnehmbar.

Nehmen wir einmal an, da ist ein Edelmann oder auch eine Edelfrau, sagen wir zum Beispiel, jung, von heiterem Gemüt und bestem Temperament, die mit einem ebenfalls jungen und mit Besitztümern ausgerüsteten Kavalier zusammen geht und sich amüsiert und die Gesellschaft besucht, und das in einem kultivierten Land und einem milden Klima wie in Italien oder Frankreich oder einem anderen, ähnlichen Land. Daß diese junge Frau dennoch eine Hexe sei, das heißt, davon überzeugt sei, sie gehe zur nächtlichen Versammlung von Dämonen und Hexen, halte ich für ein Ding der Unmöglichkeit und ich bin es zufrieden, mich in dieser Sache meinen Gegnern geschlagen zu geben, wenn sie mir nur ein Beispiel dazu anführen können.

Im übrigen geben sie zu den erwähnten Umständen entweder keinen Grund oder einen so wenig schlüssigen an, daß Schweigen ihre Sache besser verteidigen würde. Man führt aus dem *Malleus maleficarum* (Hexenhammer), Teil 1, Frage 6 an, daß mehr Frauen Hexen als Männer Hexer seien, und gibt unter anderem folgenden Grund an: »Es gibt dreierlei in der Welt, was kein Maß zu halten weiß: die Zunge, der Geistliche und das Weib.« Man beweist die beiden ersten Dinge und fährt dann fort: »Etwas anderes ist das Weib nicht als eine Feindin der Freundschaft, eine unentrinnbare Strafe, ein notwendiges Übel, eine natürliche Versuchung, ein wünschenswertes Unglück, eine häusliche Gefahr, ein ergötzlicher Schade, ein Mangel der Natur, mit schöner Farbe gemalt.« Und: »Aller Weiberlaster Grund ist die Habsucht.« Und: »Das Weib ist aus einer krummen Rippe geformt worden, das heißt aus einer Brustrippe, die gekrümmt und gleichsam dem Mann entgegen geneigt ist. Aus diesem Mangel geht hervor, daß, da das Weib nur ein unvollkommenes Tier ist, es immer täuscht. Dann wird Cato zitiert: »Weint ein Weib, so sinnt es auf listige Tücke.« Man geht dann zur Etymologie über und bemerkt: »Das Wort *femina* nämlich kommt von *fe* und *minus*, weil sie immer weniger Glauben hat und bewahrt.« Man fügt hinzu: »Fast alle Reiche der Welt sind durch die Weiber zerstört worden.« Und man tritt den Beweis an. Erneut wird Cato zitiert: »Wenn die Welt ohne Weiber sein könnte, würden wir mit Göttern verkehren.« Und schließlich kommt man zu dem Schluß, daß das Weib eine Chimäre ist, die das Gesicht eines Löwen, den Bauch einer Ziege und den Schwanz einer Natter hat. Die Dürftigkeit an handfesten und triftigen Gründen läßt die Gegner in diese Artigkeiten abgleiten.[2]

Nachdem die mittelalterlichen Chimären beseitigt sind, entdeckt die »Wissenschaft der Vergnügungen« der galanten Gesellschaft des 18. Jahrhunderts die Freude am Duft der Frau und auch das Vergnügen an einer unbezahlbaren intellektuellen Konversation wieder.

# Anmerkungen

## Kapitel 1

1 *Libro intitulato Il perché, tradotto di latino in italiano, de l'eccelso medico e astrologo, M. Hieronimo de' Manfredi. Et dall'istesso in assai luoghi dilucidato et illustrato. Con mostrare le cagioni d'infinite cose, appartenenti alla sanità. Con la dichiaratione delle virtù d'alcune herbe. Opera utilissima e necessarissima e di nuovo ristampata e ripurgata di quelle cose, che avessero potuto offendere il simplice animo del lettore,* Venedig (Ventura del Salvador) 1588, S. 15 – (Buch mit dem Titel »Das Warum«, aus dem Lateinischen ins Italienische übersetzt von dem hervorragenden Arzt und Astrologen, Herrn Hieronimo de' Manfredi. Und von demselbigen an zahlreichen Stellen erklärt und erläutert. Wobei die Gründe für unendlich viele Dinge, die die Gesundheit betreffen, gezeigt werden. Desgleichen werden die Wirkkräfte einiger Kräuter erklärt. Ein sehr nützliches und notwendiges Werk, welches jetzt neu gedruckt und von den Dingen gereinigt wurde, die den einfältigen Verstand des Lesers hätten verletzen können.)

2 Baldassar Pisanelli, *Trattato della natura de' cibi e del bere,* Bergamo (Comino Ventura e compagni) 1587 – (Abhandlung über die Natur des Speisens und des Trinkens) – im »Proemio«. Die Widmung ist an »Seine Durchlaucht Herrn Guglielmo Gonzaga, Herzog von Mantua und Monferrato« gerichtet.

3 Antonio de Sgobbis, *Nuovo, et universal theatro farmaceutico... eretto, et posto in luce da A. de S. da Montagnana. Farmacopeio all'insegna dello Struzzo fu coadiutore nella officina Farmaceutica Pontificia della SS. di PP. Urbano VIII di F.M. Aggregato al Celebre Romano, e già prima*

*nel Nobile Veneto Collegio de gli Farmacopei*, Venedig (nella Stamparia Iuliana) 1667, S. 95 – (Neuer und allgemeiner Schauplatz der Pharmazie..., aufgebaut und ans Licht gebracht von A. de S. von Montagnana. Apotheker mit dem Wappen des Straußen, ehemaliger Mitarbeiter in der Päpstlichen Apotheke des Heiligen Vaters Urban VIII. mit eigener Rezeptur. Außerordentlicher Mitarbeiter am Celebre Romano und bereits früher am Vortrefflichen Apothekerkolleg von Venedig.)

4 ebd., S. 89

5 Carlo Lancilotti, medico-chimico, e cittadino modenese, *Guida alla chimica che conduce gl'affetionati per il regno animale, dimonstrando di anatomizarli conforme l'arte spagirica, dichiarando in parte la loro qualità, e natura. Con un bellissimo discorso dell'huomo, e sua generatione...* all'Altezza Serenissima di Francesco II duca di Modona Reggio ecc., Modena (Eredi Soliani) 1679, Teil 3, S. 36 – (Chemischer Führer, der die dem Tierreich Zugetanen anleitet und zeigt, es gemäß der alchimistischen Kunst zu anatomisieren. Zum Teil wird seine Eigenschaft und Natur erläutert. Mit einer sehr schönen Erörterung des Menschen und seiner Zeugung... gewidmet Seiner Durchlaucht Francesco II., Herzog von Modena.)

6 De Sgobbis, *Nuovo et universal theatro farmaceutico*, op. cit., S. 95

7 Lancilotti, *Guida alla chimica*, op. cit., III, S. 41-42

8 Zitiert von Girolamo Tartarotti, *Del congresso notturno delle lammie, libri tre.* S'aggiungono due dissertazioni epistolari sopra l'arte magica..., In Rovereto 1749 (a spese di Giambattista Pasquali libraro e stampatore in Venezia), S. 117 – (Die nächtliche Zusammenkunft der Hexen...)

9 *Pro domo et mundo*, Leipzig 1919, S. 9

10 ebd., S. 10

11 Bezüglich einer genauen Analyse der Theorien der verschiedenen Lebensalter des Menschen vgl. die grundlegende Arbeit von Arnaldo Della Torre, *La giovinezza di G. Boccaccio (1313-1341). Proposta di una nuova cronologia*, Città di Castello (Lapi) 1905, S. 51-101

12 Sonett »Ne gli acerbi anni tuoi purpurea rosa« (In deinen frühen Jahren, purpurne Rose), in: T. Tasso, *Poesie*, hg. von F. Flora, Mailand-Neapel (Ricciardi) 1952, S. 824

13 Battista Guarini, *Rime*, Venedig (G.B. Ciotti), S. 47

14 D. Agostino Lampognani, Abate Cassinense, »La bruttezza lodata« (Lob der Häßlichkeit), in: *Diporti accademici*, Mailand (Ludovico Monza) 1653, S. 69

15 ebd.

16 B. Guarini, *Il Pastor Fido* (Der treue Hirt), Akt III, Szene V, in: *Opere poetiche* di B.G., Venedig (B.G. Ciotti) 1616, S. 111-112

17 Marsilio Ficino, *Della religione christiana: opera utilissima, e dottissima, e dall' Autore istesso tradotta in lingua toscana. Insieme con due libri del medesimo del mantenere la sanità, et prolungare la vita per le persone letterate,* Florenz (Giunti) 1563, S. 16 – (Über die christliche Religion. Ein sehr nützliches und sehr gelehrtes Werk; es wurde vom Autor selbst in die toskanische Sprache übersetzt. Insgemein mit zwei Büchern desselbigen zu dem Behufe, wie man die Gesundheit erhalten und das Leben von schriftkundigen Personen verlängern kann)

18 Ios. Quercetani, *Diaeteticon polyhistoricon,* o.O. (apud Petrum Choüet) 1626, S. 37

19 E. De Martino, *La fine del mondo. Contributo all'analisi delle apocalissi culturali,* hg. von Clara Gallini, Turin (Einaudi) 1977, S. 608

20 ebd. De Martino übersetzt aus dem Werk von R. Caillois, *Le mythe et l'homme,* 1938, S. 92 ff.

21 Desmond Morris, *Körpersignale. Bodywatching,* München 1986, S. 73

22 *Libro della natura et virtù delle cose che nutriscono et delle cose non naturali. Con alcune osservationi per conservar la sanità, et alcuni quesiti bellissimi da notare. Raccolto da diversi autori Greci, et Latini et Arabi, prima per M. Michel Savonarola medico Padoano, poi di nuovo con miglior ordine riformato, accresciuto, et emendato, et quasi fatto un'altro per Bartolomeo Boldo, medico bressano,* Venezia, (Domenico e Gio. Battista Guerra) 1576, S. 190 – (Buch der Natur und Wirkung der Dinge zur Ernährung sowie der nicht natürlichen Dinge. Mit einigen Beobachtungen zum Erhalt der Gesundheit sowie einigen sehr schönen beachtenswerten Fragen. Zuerst gesammelt von Herrn Michel Savonarola, Arzt in Padua, bei verschiedenen lateinischen, griechischen und arabischen Autoren. Sodann von neuem in besserer Ordnung angelegt, vermehrt, verbessert und beinahe völlig umgearbeitet von Bartolomeo Boldo, Arzt in Brescia) – Das oben wiedergegebene Zitat ist von B. Boldo.

# Kapitel 2

1 Iulii Caesaris Scaligeri, *Exotericarum exercitationum libri XV. De subtilitate, ad Hieronymum Cardanum,* Francofurti (apud Andream Wechelmann) 1576, S. 816 – (J.C. Scaliger, Leichtfaßliche philosophische Übungen)
2 ebd.
3 ebd., S. 857
4 Giovanni Ciampoli, *Del corpo humano,* in: *Prose di Monsignor G.C.,* Venedig (Curti) 1676, S. 59 – (Der menschliche Leib)
5 ebd.
6 ebd., S. 58
7 *Le medicine pertinenti alle infermità delle donne scritte per M. Giovanni Marinello. Nuovamente da lui ampliate e ricorrette. Divise in tre libri,* Venedig (Giovanni Valgrisio, al Segno della Vittoria) 1574, Bl. 4b – (Arzeneien gegen die Krankheiten der Frauen...)
8 A. Petronio, *Del viver de gli huomini et di conservar la sanità. Libri cinque. Tradotti della lingua latina nella volgare, dall'eccellente medico M. Basilio Paravicino de Como,* Con Privilegio di N.S. Clemente VIII, Rom (Domenico Basa) 1592, S. 274-275 (Wie die Menschen leben sollen und die Gesundheit erhalten können)
9 *Convivio,* IV, XXIV, in: *Le opere di Dante,* Testo critico della Società Dantesca Italiana, Florenz (Bemporad) 1921, S. 300 – (Das Gastmahl)
10 ebd.
11 ebd., S. 298
12 ebd., S. 297
13 Orazio Rinaldi, *Specchio di scienze, et compendio delle cose,* Venedig (Francesco Ziletti) 1583, S. 13 – (Spiegel der Wissenschaft und Kompendium der Dinge)
14 *Convivio,* op. cit., S. 305
15 Petronio, *Del viver de gli huomini,* op. cit., S. 340-341
16 *Le medicine pertinenti alle infermità delle donne, op. cit.,* Bl. 6a
17 Roman Jakobson, *Il mistero parodistico medievale,* in: *Premesse di storia slava,* Mailand (il Saggiatore) 1975, S. 217
18 Giuseppe Donzelli, *Teatro farmaceutico dogmatico e spagirico,* Venedig (Andrea Poletti) 1737[21], S. 176 – (Dogmatischer und sparigischer Schauplatz der Pharmazie)
19 P.A. Mattioli, *Discorsi... ne' sei libri di Pedacio Dioscoride Anazarbeo della materia medicinale.* Venedig (N. Pezzana), 1744, S. 513 – (Erörte-

rungen ... über die sechs Bücher von Pedacius Dioskurides aus Anazarbos über den Gegenstand der Medizin)

20 G. Marino, *L'Adone,* hg. von G. Pozzi, Mailand (Mondadori) 1976, Bd. I, VI, S. 125-128

21 ebd., VIII, S. 74-75

22 *Vita del Cavalier Marino,* in: Gio. Francesco Loredano, *Bizzarie accademiche,* Teil 1, Venedig (Stefano Curti) 1684, S. 301

23 ebd., S. 305

24 ebd., S. 304

25 G. Marino, *L'Adone,* op. cit., Bd. I, VIII, S. 58-60

26 P.A. Mattioli, *Discorsi...,* op. cit., S. 513

27 ebd., S. 143

28 *Unter dem Stichwort* »Membra virili« (männliche Glieder) in: »Tavola dei rimedi di tutti i morbi del corpo umano cavati diligentemente dai semplici, di cui scrisse Dioscoride e dai comenti, e discorsi del Mattiolo«, o.N. – (Übersicht über die Heilmittel aller Krankheiten des menschlichen Körpers, die sorgfältig den Heilpflanzen entnommen werden, von denen Dioskurides und die Kommentare sowie die Erörterungen von Mattioli sprechen)

29 ebd.

30 Michele Savonarola, *Trattato utilissimo di molte regole, per conservare la sanità, dichiarando qual cose siano utili da mangiare, e quali tristi, e medesimamente di quelle che si bevono per Italia. Aggiontovi alcuni dubij molto notabili. Composto per M. Michele Savonarola Fisico Eccellentissimo,* Venetiis (Eredi di Gioanne Paduano) 1554, Bl. 14a – (Sehr nützliche Abhandlung über viele Regeln, durch welche die Gesundheit zu erhalten ist; es wird dabei erklärt, welche Dinge zu essen zweckmäßig sind und welche schlecht, und ebenso das, was man in Italien trinkt. Unter Beifügung einiger sehr beachtenswerter Bedenken). Es ist jetzt einzusehen in der kritischen Ausgabe von Jane Nystedt, *Libreto de tutte le cosse che se mangano; un'opera di dietetica del sec. XV,* Stockholm (Almquist & Wiksell International) 1988 (Acta Universitatis Stockolmiensis. Romanica Stockolmiensia 13).

31 Boldo *Libro della natura et virtù delle cose che nutriscono,* op. cit., S. 46

32 F. Redi, *Esperienze intorno a diverse cose naturali e particolarmente a quelle che ci son portate dall'Indie,* in: *Opuscoli di storia naturale di F.R.,* ausgewählt und kommentiert von C. Livi, Florenz (Le Monnier) 1858, S. 253 – (Erfahrungen im Bereich verschiedener natür-

licher Dinge und besonders derer, die aus den beiden Indien gebracht wurden)

## Kapitel 3

1 *Experimenti de la Ex.ma S.ra Caterina da Furlj matre de lo Inllux.mo Signor Giouanni de Medici,* pubblicati da P. D. Pasolini, Imola (Tip. d'Ignazio Galeati) 1894, S. 147
2 4. Akt, 2. Szene
3 Mattioli, *Discorsi... ne' sei libri,* op. cit., S. 606
4 Savonarola, *Trattato utilissimo,* op.cit., Bl. 37b
5 ebd., Bl. 30a
6 Pisanelli, *Trattato della natura de' cibi e del bere,* op.cit., S. 24
7 R. Bürton, *The Anatomy of Melancholy,* 1621, Bd. 3, Neuausgabe: London/New York 1961, S. 59 (dt. Auswahl: Anatomie der Melancholie, Mainz 1988)
8 ebd., S. 62
9 C. Durante, *Il tesoro della sanità.* Mailand (Serra und Riva) 1982, S. 165-166 – (dt. Ausgabe: Hortulus sanitatis. Das ist Ein heylsam und nützliches Gärtlin der Gesundheit..., Frankfurt [Rhodius] 1609)
10 Savonarola, *Trattato utilissimo,* op. cit. Bl. 39a
11 ebd.
12 *Experimenti,* op. cit., S. 70
13 ebd., S. 71
14 ebd.
15 Brantôme, *Das Leben der galanten Damen,* Leipzig (Insel) 1979 und Frankfurt/M. (Insel) 1981, Bd. 1, S. 53
16 ebd., Bd. 2, S. 124
17 Caterina da Furlj, *Experimenti,* op.cit., S. 228
18 ebd.
19 ebd., S. 229. »Der häufig ausgeübte Beischlaf ist dafür sehr zuträglich, und vor allem mit einer geschmeidigen Frau, deren Scheide als leidenschaftlich [calidum statt callidum?] und ungestüm angetroffen wird.« Über die »Größe und Kleinheit der Rute« und über die empfohlenen Techniken, um »das männliche Glied größer zu machen« vgl. Io. Michaelis Savonarolae, *Practica maior,* Venetiis (apud Iunctas) 1559, Bl. 247a.

20 *Experimenti,* op. cit., S. 216
21 ebd., S. 213
22 ebd.
23 ebd.
24 G.R. Taylor, *Sex in History,* New York (The Vanguard Press) 1970, S. 148
25 Brantôme, *Das Leben der galanten Damen,* op. cit., Bd. 1, S. 177. Zu *hora coitus* (Zeit des Beischlafs) vgl. Savonarola, *Practica maior,* op. cit., S. 20: »Im Frühjahr ist er am besten zuträglich, dann im Winter, im Sommer weniger und am wenigsten im Herbst.«
26 *Das Leben der galanten Damen,* Bd. 1, S. 177
27 ebd.
28 ebd., Bd. 1, S. 178
29 ebd., Bd. 1, S. 83
30 Michelangelo Biondo, *Angoscia doglia e pena. Le tre furie del mondo,* in: *Trattati del Cinquecento sulla donna,* hg. von G. Zonta, Bari (Laterza) 1913, S. 142
31 ebd.
32 ebd., S. 143
33 Giovanni Mauro, *Capitolo in lode delle donne di montagna a M. Giovanni della Casa,* in: *Delle rime piacevole del Berni, Casa, Mauro, Varchi, Dolce, et d'altri auttori...* Buch 1, Vicenza (Francesco Grossi) 1609, Bl. 84a – (Scherzgedicht zum Lob der Frauen vom Gebirge...)
34 ebd., Bl. 82a
35 ebd., Bl. 85a
36 Andrea Capellano, *Trattato d'amore.* Testo latino del sec. XIII con due traduzioni toscane inedite del sec. XIV, hg. von S. Battaglia, Rom (Perella) 1947, S. 273 – (Traktat über die Liebe)
37 ebd.
38 ebd.
39 ebd.
40 ebd.
41 Biondo, *Angoscia doglia e pena,* op. cit., S. 128
42 ebd., S. 129
43 ebd., S. 140
44 ebd.
45 ebd., S. 103
46 ebd., S. 142

47 Michael Scotus, *De secretis naturae opusculum,* in: Alberti Magni, *De secretis quorundam libellus...* etc., Amstelodami, 1750, S. 205
48 Cesare Ripa, *Iconologia,* Siena (Eredi di Matteo Florimi) 1613, Teil II, S. 15
49 ebd., S. 9
50 ebd., S. 15 f.
51 ebd.
52 ebd.
53 ebd.
54 Ciampoli, *Del corpo humano,* op. cit., S. 58
55 Ripa, *Iconologia,* op. cit., Teil II, S. 10
56 ebd., S. 1
57 Giovanni Battista Modio. *Il Convito overo del peso della moglie,* in: *Trattati del Cinquecento sulla donna,* op. cit., S. 329
58 Caterina da Furlj, *Experimenti,* op. cit., S. 101
59 Savonarola, *Trattato utilissimo,* op. cit., Bl. 63a
60 *Experimenti,* op. cit., S. 213
61 ebd., S. 146
62 ebd.
63 ebd.
64 Brantôme, *Das Leben der galanten Damen,* op. cit., Bd. 2, S. 123
65 *Experimenti,* op. cit., S. 215
66 ebd.
67 ebd.
68 ebd.
69 ebd.
70 ebd.
71 ebd.
72 ebd., S. 147
73 ebd.
74 ebd., S. 148
75 Burton, *The anatomy of melancholy,* op. cit., S. 60
76 Giuliano Fantaguzzi, *»Caos«. Cronache Cesenate del sec. XV pubblicate ora per la prima volta di su i manoscritti con notizie e note e cura del Dott. Dino Bazzocchi,* Cesena (Tip. Arturo Bettini) 1915, S. 255
77 ebd., S. 80
78 ebd., S. 269
79 ebd., S. 37 f.
80 ebd., S. 281

# Kapitel 4

1 Franceso Rappi, *Novo thesauro delle tre castità,* Bologna (Hieronymo di Benedicti) 1515, Bl. 22b – (Neues Schatzkästlein der drei Keuschheiten)

2 ebd., Bl. 23a

3 ebd., Bl. 46a

4 ebd.

5 Ferrante Pallavicino, *Il corriere svaligiato,* Villafranca (ohne Name des Druckers) 1671, S. 46-47 – (zeitgenössische deutsche Übertragung, die hier nicht verwendet wird: F.P., *Der geplünderte Postreuter,* in: Pietro Aretino, *Italiänischer Hurenspiegel,* hg. von Walther Petry, Berlin (die Schmiede) 1925, S. 145-310

6 ebd., S. 46

7 ebd., S. 41

8 ebd., S. 42

9 ebd.

10 ebd., S. 43 f.

11 ebd., S. 45

12 ebd., S. 44

13 ebd., S. 78

14 ebd., S. 79

15 ebd., S. 77

16 ebd., S. 78 f.

17 F. Rappi, *Novo thesauro,* op.cit., Bl. 56a

18 Boldo, *Libro della natura,* op.cit., S. 28a

19 Rappi, *Novo thesauro,* op.cit., Bl. 60a

20 ebd., Bl. 60b

21 ebd., Bl. 61a

22 Mattioli, *Discorsi... ne'sei libri di Pedacio Dioscoride Anazarbeo,* op. cit., S. 232

23 Brantôme, *Das Leben der galanten Damen,* op.cit., Bd. 1, S. 178-179

24 Francesco Carletti, *Reise um die Welt 1594. Erlebnisse eines Florentiner Kaufmanns,* Herrenalb (Erdmann) 1966, S. 258

25 ebd., S. 258 f.

26 ebd., S. 263

27 ebd., S. 264

28 ebd.

29 ebd., S. 260

30 ebd., S. 249

31 ebd., S. 260
32 ebd., S. 257
33 ebd., S. 260
34 ebd.
35 ebd., S. 261
36 ebd., S. 265 f.
37 ebd., S. 255 f.
38 ebd., S. 266
39 ebd., S. 115
40 *Exotericarum exercitationum libri XV*, op.cit., S. 496
41 Carletti, *Reise um die Welt 1594*, op.cit., S. 111
42 ebd., S. 111 f.
43 Boldo, *Libro della natura*, op. cit., S. 191
44 ebd.
45 ebd., S. 167
46 ebd., S. 35
47 Marinello, *Le medicine pertinenti alle infermità delle donne*, op.cit., Bl. 7b
48 ebd., Bl. 8a
49 ebd., Bl. 5a
50 ebd.. Bl. 8a
51 ebd., Bl. 26a
52 ebd.
53 ebd., Bl. 27a und b
54 ebd.
55 ebd., Bl. 27a
56 ebd.

## Kapitel 5

1 Thomas Browne, *Saggio sopra gli errori popolareschi ovvero esame di molte opinioni ricevute come vere, che sono false o dubbiose. Opera scritta in inglese da Tommaso Brown cavaliere e dottore in medicina; tradotta in francese da un Anonimo e trasportata in italiano da Selvaggio Canturani*, Venedig (Sebastiano Coleti) 1737, Bd. I, S. III (deutsche Übersetzung: Des vortrefflichen Engelländers Thomas Brown Pseudodoxia Epidemica, das ist: Untersuchung derer Irrtümer so bey dem gemeinen Mann und sonst hin und wieder im Schwange

gehen..., Frankfurt & Leipzig [C. Riegel] 1680). 1663 bemerkte Magalotti in einem gelehrten Brief an Ottavio Falconieri mit dem Titel *Del veleno della vipera* (Über das Otterngift), daß man im Florenz der Medici »viel lernte, indem man vieles von dem, was man zu wissen glaubte, verlernte, und so geschieht es meistens, wenn man hinter die Wahrheiten steigt und nicht die Verpflichtungen einhält.«

2 L. Magalotti, *Lettere familiari,* Venedig (Sebastiano Coleti) 1732, Teil I, S. 123

3 ebd., S. 137 f.

4 ebd., S. 130

5 Marinello, *Le medicine pertinenti alle infermità delle donne,* op.cit., Bl. 29a

6 ebd., Bl. 32b

7 ebd., Bl. 31a

8 ebd., Bl. 29b

9 ebd., Bl. 30a

10 Giuseppe Donzelli, *Teatro farmaceutico dogmatico e spagirico,* Venedig (Andrea Poletti) 1737[21] – (Dogmatischer und spagirischer Schauplatz der Pharmazie)

11 Das Rezept kann man nachlesen in: *Opus Ioannis Mesuae cum aliis auctoribus ad eandem rem pertinentibus,* Venetiis (apud Iuntas) 1558, Bl. 82b und folgende. Zum »diasatirion Nicolai«, das »die Begierde hervorruft«, vgl. ebd., Bl. 206b. Zum »diacameron Nicolai«, das »die Unkeuschheit weckt«, vgl. ebd., Bl. 205b. Sowohl bei Mesuë als auch im *Antidotarium* des Niccolò da Salerno gibt es ein breites Repertoire von Präparaten, die »den Wunsch zum Beischlaf erzeugen und steigern« und die »zum Beischlaf anregen«.

12 Donzelli, *Teatro farmaceutico,* op.cit., S. 341

13 ebd.

14 ebd.

15 ebd.

16 ebd., S. 87

17 ebd., S. 86

18 Lancilotti, *Guida alla chimica,* op.cit., III, S. 132

19 ebd., S. 140

20 ebd., S. 131

21 ebd., S. 89

22 Donzelli, *Teatro farmaceutico,* op.cit., S. 106

23 De Sgobbis, *Nuovo, et universal theatro farmaceutico,* op.cit., S. 74 f.

24 Donzelli, *Teatro farmaceutico,* S. 321

25 ebd., S. 266
26 ebd., S. 385
27 ebd., S. 314
28 Scaligeri, *Exotericarum exercitationum libri XV,* op.cit., S. 568
29 Iohannis Leonis Africani, *De Africae descriptione pars altera,* Lugduni Batavorum (Ex Officina Elzeviriana) 1632, S. 774 (übersetzt nach dem italienischen Original bei G.B. Ramusio, *Navigationi e Viaggi,* Venedig 1563-1606 (Nachdruck 1970), Bd. 1, Bl. 95b, d.Ü.); dt. Auswahl: Johann Leo, Africanus, *Beschreibung Afrikas,* hg. von K. Schuberth-Engelschall, Leipzig (Edition Leipzig) 1984
30 Francesco Algarotti, *Pensieri diversi,* in: *Opere del conte Algarotti,* Venedig (Palese) 1792, Bd. VII, S. 141
31 Donzelli, *Teatro farmaceutico,* op.cit., S. 168
32 *Lettere del conte Lorenzo Magalotti gentiluomo fiorentino,* Florenz (Giuseppe Manni) 1736, S. 23
33 ebd., S. 22
34 ebd., S. 23
35 Fra Bartolomeo de las Casas, *La leggenda nera. Storia proibita degli Spagnoli nel Nuovo Mondo,* hg. von A. Pincherle, Mailand (Feltrinelli) 1959, S. 180

## Kapitel 6

1 Gabriele Fiamma, *Rime spirituali,* Venedig (Francesco de' Franceschi) 1573, S. 401
2 ebd., S. 402 f.
3 L. Magalotti, *Lettere familiari,* op.cit., S. 201
4 ebd., S. 201 f.
5 Evangelista Torricelli, *Lezioni accademiche,* Mailand (Silvestri) 1823, S. 245 f. Zwölfte Vorlesung: »Encomio del secol d'oro« (Lob des Goldenen Zeitalters). Alle Zitate von Torricelli sind dieser Vorlesung entnommen.
6 *Canzonette di Lindoro Elateo Pastore Arcade,* Florenz (Tartini e Franchi) 1723, S. 63
7 Lorenzo Panciatichi, *In lode della frittura,* in: *Prose fiorentine* raccolte dallo Smarrito [A.M. Salvini] accademico della Crusca. Tomo secondo contenente orazioni e cicalate, Venedig (Domenico Occhi) 1730, S. 100

8 Die Satire von Monsignor Lorenzo Azzolino *Contro la lussuria* erschien in: *Scelta di poesie italiane non mai per l'addietro stampate de'più nobili autori del nostro secolo,* Venedig (Paolo Baglioni) 1686, S. 1-38. Die Auswahl stammt von Francesco Baglioni. Im 18. Jahrhundert wurde sie wiederveröffentlicht in: *Satire di Pietro Nelli, Francesco Sansovino, Gabriello Simeoni, Girolamo Fenaroli ed altri,* London 1786, S. 75-117. Alle Verse in diesem Kapitel ohne Fußnote sind der Satire von Azzolino entnommen.
9 Francesco Redi, *Esperienze...,* op. cit., S. 283 f.
10 Magalotti, *Lettere familiari,* op.cit., S. 39
11 Francisco de Quevedo, *Die Träume,* Frankfurt 1988, S. 116
12 Charles Baudelaire, *Lob der Schminke,* in: *Werke,* Bd. 4 (hg. von M. Bruns), München 1906, S. 314
13 Magalotti, *Lettere familiari,* op.cit., S. 414
14 ebd.
15 ebd.
16 Baudelaire, *Lob der Schminke,* op. cit., S. 315
17 ebd., S. 316
18 Anonymus, *Tesoro delle gioie. Trattato curioso.* Padua (P.P. Tozzi) 1626, S. 211 – (Schatz der Edelsteine. Wunderliche Abhandlung)
19 P.A. Mattioli, *Discorsi...,* op. cit., S. 54
20 ebd., S. 72 f.

## Kapitel 7

1 L. Magalotti, *Relazione d'Inghilterra,* in: *Relazioni di viaggio in Inghilterra Francia e Svezia,* hg. von W. Moretti, Bari (Laterza) 1968, S. 56
2 ebd.
3 ebd., S. 57 f.
4 Tomaso Caraffa, *Poetiche dicerie ovvero vaghissime descrittioni e discorsi accademici,* Viterbo (per il Diotallevi) 1638, S. 89 f. – (Poetische Ansprachen oder sehr reizvolle akademische Schilderungen und Reden)
5 G.F. Loredano, *Bizzarie accademiche,* Venedig (Stefano Curti) 1684, Teil II, S. 30 – (Akademische Wunderlichkeiten)
6 ebd., Teil I, S. 146-149
7 ebd., S. 62
8 ebd., S. 167

9 ebd., S. 168
10 Ferrante Pallavicino, *Le bellezze dell'anima,* Venedig (per il Turrini) 1654, S. 7 – (Die Schönheiten der Seele)
11 ebd., S. 6; F. Pallavicino wurde in jungen Jahren hingerichtet wegen der antikirchlichen Schrift »Il corriere svagliato«, die ihm als pornographisch ausgelegt wurde. (A.d.Ü.)
12 Loredano, *Bizzarie accademiche,* op.cit., Teil II, S. 168 f.
13 I. Sprenger und H. Institor, *Malleus maleficarum. De lamiis et strigibus, et sagis aliisque magis, et daemoniacis, eorumque arte et potestate et poena,* Francofurti (Zetzner) 1660, S. 94 – (Der Hexenhammer...)
14 ebd., S. 102
15 ebd.
16 Biondo, *Angioscia doglia e pena. Le tre furie del mondo,* op. cit., S. 143
17 ebd., S. 140
18 ebd., S. 123
19 Caraffa, *Poetiche dicerie overo vaghissime descrittioni,* op. cit., S. 60 f.
20 ebd., S. 61
21 F. Pallavicino, *La rettorica delle puttane composta conforme ai precetti di Cipriano (1642),* in: *Antologia erotica italiana dal 1600 al 1800,* hg. von F. Saba Sardi, Mailand (Sonzogno) 1987, S. 34 und an anderen Stellen – (Die Rhetorik der Huren, zusammengestellt nach den Regeln von Cyprian)
22 ebd., S. 34
23 ebd., S. 36
24 ebd., S. 35
25 ebd., S. 36
26 ebd., S. 37
27 cbd., S. 33
28 ebd.
29 Caraffa, *Poetiche dicerie overo vaghissime descrittioni,* op. cit., S. 115 f.
30 ebd., S. 410
31 Loredano, *Bizzarie accademiche,* op. cit., S. 44
32 Battista Guarini, *Il pastor fido,* in: *Opere poetiche del M. Illustre Sig. Cavalier B.G. Nelle quali si contengono il Pastor fido e le Rime,* Venedig (dal Ciotti) 1616 (3. Akt, 6. Szene – (Der treue Hirt)
33 Loredano, *Bizzarie accademiche,* op. cit., S. 39
34 ebd., S. 43
35 ebd., S. 47

36 ebd., S. 46 f.
37 F. de Quevedo, *Die Träume,* Frankfurt/M. (Insel) 1980, S. 116 (Textpassage ist nicht übersetzt; »Die Welt von Innen«)
38 Lodovico Domenichi, *Della nobiltà delle donne,* Venedig (Giolito de Ferrari) 1549, Bl. 112a – (Der Adel der Frauen)
40 Pallavicino, *La rettorica delle puttane,* op. cit., S. 37
41 Pallavicino, *Le bellezze dell'anima,* op. cit., S. 83
42 Tartarotti, *Del congresso notturno delle lammie,* op. cit., S. 110 f.

Piero Camporesi

## Das Brot der Träume

Hunger und Halluzinationen im vorindustriellen Europa

1990. 262 Seiten, ISBN 3-593-34254-5

»Piero Camporesis Art, Geschichte zu erzählen, hat literarische Qualität, ohne in die literarische Fiktion zu verfallen. Dazu war und ist Hunger eine viel zu furchtbare Realität. ... Camporesi öffnet die Abgründe dieses wohl elendsten Todes unter allen Toden und beschreibt die Ängste und Wahnvorstellungen, die aus dem Hunger erwachsen, und die Mittel und Wege, diesen Hunger zu überdecken, in Rausch, Trance, Apathie, durch Vermittler des Vergessens, durch ungeeignete Notnahrung und aufputschende Drogen, in kannibalistischen Praktiken, Leichenschändung und Kotfresserei. ... Es ist schwer möglich, sich diesem Panorama der Lebensumstände der einfachen und armen Menschen im vorindustriellen Europa zu entziehen, wo Hunger der Alltag war. In diesem Sinn ist dies wirkliche Alltagsgeschichte, die Verkrüppelungen und Mißbildungen, die Verirrungen und Ängste, die Geschichten über Hexen und Gespenster, die Bewußtseinsveränderungen und Traumzustände, die Stadien von Trance und Delirium, die in Tanzwut und Massenhysterie mündeten und den dunklen Erzählungen vom Hexensabbat oder den utopischen Hoffnungen auf eine verkehrte Welt Nahrung gaben, in der das Unterste zuoberst gekehrt sei.

Camporesi gelingt es, die bizarren Riten und Praktiken, die ekstatischen Traumfolgen und magischen Vorstellungen einer Zeit verständlich zu machen, die man als das finstere, abergläubische und hinterwäldlerische Europa des Mittelalters zu bezeichnen gewohnt ist. Nach der erschütternden Lektüre wird es recht einsichtig, daß der Aufbau einer rationalistischen, aufklärerischen Gedankenwelt viel mit der Überwindung des Hungers zu tun hat.« *Die Presse*

Dieter Beckmann, Barbara Beckmann
ALRAUN, BEIFUSS UND ANDERE HEXENKRÄUTER
Alltagswissen vergangener Zeiten
1990. 267 Seiten, 32 Abb., ISBN 3-593-34336-3

Was sind Hexenkräuter? – All jene Kräuter, die die als »Hexen« angeklagten Frauen zur Zubereitung von Hexensalben, für Hexenflug und Teufelssabbat benutzt haben sollen. Diese Kräuter stehen fast ausnahmslos mit weiblicher Sexualität in Zusammenhang; noch im 18. Jahrhundert wurden sie zur Beeinflussung von Periode, Fruchtbarkeit und Stillzeit benutzt.
Diesem volksmedizinischen Alltagswissen vergangener Zeit, das zur Zeit der Hexenverfolgungen unterdrückt und »verteufelt« und mit Beginn der Renaissance durch das Expertenwissen von Priestern, Ärzten und Juristen verdrängt und ersetzt wurde, spüren Autor und Autorin nach. Mehr als siebzig Kräuter werden in diesem Buch aus alten Quellen neu bestimmt und in ihren realen, aber auch ihren magischen Dimensionen dargestellt.
Die magische Seite ist mit uralten Mythen verbunden, mit eiszeitlichen, babylonischen, ägyptischen, griechischen, keltischen und germanischen; die reale Seite betrifft die tatsächliche medizinische Wirksamkeit der Kräuter. Über den praktischen Nutzen dieses Buches hinaus wird hier die Feindschaft zwischen Volksmedizin und Ärzten deutlich, die sich bis in die Gegenwart auf die weibliche Selbstbestimmung auswirkt. Wissen darüber, wie Frauen selbst mit Hilfe von Kräutern Periode, Schwangerschaft, Geburt und Stillzeit beeinflussen können, wird heute mühsam rekonstruiert, während gleichzeitig viele Pflanzen vom Aussterben bedroht sind.